Mathias Jung

Trauer und Aufbruch

Die Heilige Zeit

Mathias Jung

Trauer und Aufbruch

Die Heilige Zeit

Trauernde sind überall
sich verwandt.
Franz Grillparzer (1791 – 1872)
Sappho

ISBN 978-3-89189-233-6
2. Auflage 2023

Umschlaggestaltung: Simone Kerschbaum
Satz: Eberl & Koesel Studio, Kempten
Druck: Memminger MedienCentrum AG, Memmingen

Mascha Kaléko
MEMENTO

Vor meinem eignen Tod ist mir nicht bang,
Nur vor dem Tode derer, die mir nah sind.
Wie soll ich leben, wenn sie nicht mehr da sind?

Allein im Nebel tast ich todentlang
Und lass mich willig in das Dunkel treiben.
Das Gehen schmerzt nicht halb so
wie das Bleiben.

Der weiß es wohl, dem gleiches widerfuhr;
Und die es trugen, mögen mir vergeben.
Bedenkt: den eignen Tod, den stirbt man nur,
Doch mit dem Tod der andern muss man leben.

Inhalt

Unvergesslich

Auf unserer Stufe muss das Totenopfer in unserer eigenen Seele vollzogen werden, durch Gedenken, durch genaueste Erinnerung, durch Wiederaufbau des geliebten Wesens in unserem Inneren. Vermögen wir dies, dann geht der Tote weiter neben uns, sein Bild ist gerettet und hilft uns, den Schmerz fruchtbar zu machen.

Hermann Hesse
(1885 – 1962)

Für jeden Hinterbliebenen ist der Schock und die Trauer einzigartig und unermesslich. Der Tod ist, man mag es drehen oder wenden wie man will, ein Skandal. Goethe konstatierte: »Der Tod ist gewissermaßen eine Unmöglichkeit, die plötzlich zur Wirklichkeit wird.« Ebenso gewiss ist aber auch: Der oder die Tote bleiben unvergesslich. Ist das nicht auch ein Trost? Der Philosoph Immanuel Kant (1744 – 1804) befindet: »Wer im Gedächtnis seiner Lieben lebt, der ist nicht tot, der ist nur fern; tot ist nur, wer vergessen wird.«

Das ist schön gesagt. Aber gilt es auch noch für die verletzte zuckende Seele? Noch nach dem Trauerjahr tut mir die Abwesenheit meiner Ilse, die 2021 mit achtzig Jahren sanft und in tiefer Bewusstlosigkeit starb, bis in den Kern meiner Existenz weh. Ja, sie macht mir trotz meiner lebenslangen philosophischen Reflexion über Tod und Sterblichkeit in dunklen Momenten immer wieder Angst. Es geht mir wie dem babylonischen Held Gilgamesch, der den Tod seines Freundes Enkidu mit Entsetzen reflektierte: »Du bist dunkel geworden und kannst mich nicht hören. Werde ich nicht wie Enkidu sein, wenn ich sterbe? Trauer ergreift mein Herz. Ich fürchte mich vor dem Tod.«

Das ist wohl ein bis zum eigenen Tod nicht nachlassender Schmerz. Ilse ist fort. Meine Tränen brechen immer wieder auf wie schmelzender Schnee. Nicht nur an dem schönen Grab mit dem mächtigen Findling aus der Ostsee. Nein, er überfällt mich jäh zu jeder Tageszeit. Ich komme von meiner Praxis zum Mittagessen, Ilse ist fort. Ich freue mich auf den gemeinsamen Abend mit Lesen, Kochen, Spielen. Ilse ist fort. Ich streiche in unseren drei Tageszeitungen spannende Stellen für meine politische Frau an.

Ilse ist fort. Leichtflügelig wie ein Schmetterling ist sie entflogen. Nach einer Gehirnblutung. Ihre warme Stimme ist verstummt. Für immer. Wie lange werde ich brauchen, ihren – guten – Tod zu begreifen?

Da ist der Trost. Als ich 1989 zum ersten Mal die alten bescheidenen Räume der Gesellschaft für Gesundheitsberatung (GGB) auf der Lahnhöhe bei Koblenz betrat, war ich von Ilse beeindruckt. So eine Riesenenergie, gepaart mit mädchenhafter körperlicher Zartheit, hatte ich noch nie erlebt. Wir waren voneinander fasziniert. Wir verliebten uns. Fast gegen unseren Willen. Denn Ilse war soeben Witwe geworden und voller Leid. Ihr Mann, ein feiner Kerl, aber alkoholkrank, war mit 51 Jahren gestorben. Ich befand mich am Ende einer sterbenden Ehe. Wir leckten unsere Wunden. Wir heilten uns. In meiner ersten Ehe noch unreif, lernte ich zu streiten, um Verzeihung zu bitten und zu lieben. Ilse schenkte mir ihre Klarheit. Ich ihr meine Lebensfreude. »Du bist mein Playboy«, lachte sie immer.

Wir waren auch als altes Paar verspielt wie junge Hunde. Wir knutschen wie die Teenager. Gott Eros war in unserer Hütte. Noch zwei Wochen vor ihrem Tod schenkten wir uns zwei Liebesbriefe – und weinten vor Glück. Wir schwammen in einem Meer von Zärtlichkeit. Wir haben nichts versäumt. Wir wurden uns zu Entwicklungshelfern.

Aber es ist, wie es ist. Ilse kommt nicht zurück. In meiner Totenrede rief ich ihr die Worte nach, welche die Dichterin Christa Wolf in ihrem Sterbejahr 2011 an ihren Mann Gerhard richtete, der sie, wie ich, überlebte: »Wir sind in den Jahrzehnten ineinander gewachsen. Ich kann kaum ›ich‹ sagen – meistens ›wir‹. Ohne Dich wäre ich ein anderer Mensch … Ich habe Glück gehabt.«

Aber der Tod ist nicht immer so gnädig. Er kann uns in ein Loch stürzen, in den Schatten der Depression. So etwa, wenn sich der Sohn der Juristin und heutigen Trauerbegleiterin Freya von Stülpnagel, Benni, mit achtzehn Jahren das Leben nimmt. Oder wenn meine Klientin Irina nach einem streuenden Brustkrebs mit vierunddreißig Jahren, ohne sich Illusionen zu machen, in den Tod geht und einen liebenden Mann und drei kleine Kinder zurücklassen muss.

Stirbt die Liebe nach dem physischen Verschwinden des Verstorbenen? Ich glaube, nicht. Ich erlebe in dieser Ära der Trauer eine neue Form der Liebe. Ilse ist in mir. Ich spüre Dankbarkeit und unvergängliches Glück. Der amerikanische Schriftsteller Thornton Wilder (1897–1975) erkannte: »Da ist ein Land der Lebenden, und da ist ein Land der Toten; und die Brücke dazwischen ist unsere Liebe, das einzig Bleibende, der einzige Sinn.«

Genau darüber wollte ich mich, liebe tapfere Schreiberinnen und Schreiber, in diesem Buch »Trauer und Aufbruch. Die Heilige Zeit« mit Eurer Hilfe kundig machen und uns alle von Eurer Trauerarbeit ermutigen lassen. Wie viel Leid und wie viel Hoffnung habt Ihr mir geschickt. Wie oft habt Ihr mich in Tränen ausbrechen lassen! Ich danke Euch bewegten Herzens. Mit den Antworten auf die folgenden drei Fragen habt Ihr mich und wohl auch jetzt die sensiblen Leser beschenkt:

- Was hast Du mit dem Tod verloren? War es eine Tragödie oder eine Erlösung?
- Was hast Du von ihr, von ihm mitgenommen?
- Was hat Dir bei Deiner Trauer geholfen?

Konntest Du vielleicht eine neue, andere Liebe zulassen, vielleicht sogar Zärtlichkeit oder Erotik? Bist Du heute glücklich?

Ich, inzwischen auch achtzig wie Ilse, bin für mich zuversichtlich. Trost finde ich, neben meiner schönen Arbeit als Therapeut, in den über 400 wundervollen Trauerbriefen zum Tod Ilses, aber auch auch in den Tausenden meiner Bücher, meinen geistigen Weggefährten. Besonders hilft mir mein Lieblingsphilosoph, Michel de Montaigne (1533–1592), über den ich ein Büchlein schrieb. Der ehemalige Bürgermeister von Bordeaux bekannte: »Der Mensch ist um so mehr Mensch, als er um seine Vergänglichkeit weiß.« Für den sinnesfrohen Humanisten ist die Sterblichkeit des Menschen nicht der Fluch des Sündenfalls, sondern ein organisches Erlöschen im Lebens- und Todesrhythmus der Natur. Sie schwenkt für Menschen, Tiere und Pflanzen den gleichen Taktstock. Er sagt: »Es ist ungewiss, wo der Tod uns erwartet – erwarten wir ihn überall! Das Vorbedenken des Todes ist Vorbedenken der Freiheit. Wer Sterben gelernt hat, hat das Dienen verlernt.« Und: »Euer Tod ist ein Teil der Ordnung des Alls, er ist ein Teil des Lebens der

Welt … Mit dem Tag Euer Geburt, brecht Ihr auf, zu sterben wie zu leben.«

Ich werde mein Versprechen an Ilse erfüllen: ihren Arbeitsauftrag als ihr Nachfolger und Leiter unserer Stiftung fortzuführen – und ein fröhlicher Mann zu bleiben. Ich halte mich dabei an Montaignes Worte: »Die Nützlichkeit des Lebens liegt nicht in der Länge, sie liegt im Gebrauch. Geht deshalb achtsam mit dem Leben um, solange Ihr da seid.« Das Leben als Meisterstück.

Die verfolgte jüdische Lyrikerin Rose Ausländer stellte, achtzigjährig, in diesem Sinn in einem ihrer schönsten Gedichte dem Tod die Hymne an das Leben entgegen:

Noch bist du da

Wirf deine Angst
in die Luft

Bald
ist deine Zeit
bald
wächst der Himmel
unter dem Gras

fallen deine Träume
ins Nirgends

Noch
duftet die Nelke
singt die Drossel
noch darfst du lieben
Worte verschenken
Noch bist du da

Sei was du bist
Gibt was du hast

Der gute Tod

Der Tod eines vom Alter Gebeugten ist eine Erlösung für ihn: Ich kann es lebhaft fühlen, weil ich selbst alt geworden bin, und den Tod empfinde ich wie eine alte Schuld, die man endlich entrichtet.

Albert Einstein
(1879 – 1955)
Über den Frieden

Es gehört zu den Paradoxien des bewussten Lebens, dass es, kaum ist es, wie ein guter Wein, zur herbstlichen Fülle gelangt, schon wieder dem Ende entgegensteuert. Kosmisch gesehen, ist das winzige Leben eines menschlichen, tierischen oder pflanzlichen Geschöpfes ohnehin nur eine Anekdote, ein Wimpernschlag im Kontinuum der Unendlichkeit. Vielen Menschen ist es nicht vergönnt, wie, dem biblischen Mythos nach, dem steinalten Moses die Welt restlos erfüllt, »lebenssatt« zu verlassen. Rein kosmologisch leben wir vorübergehend, bis die Sonne explodiert, auf einem Staubkorn in einem menschenfeindlichen Kosmos von Minus 270 Grad.

Was für eine große Aufgabe ist es, sein Leben im Großen und Ganzen schöpferisch und würdevoll zu gestalten, aus der nackten Existenz ein kleines Kunstwerk der Essenz zu gestalten. Die Sozialwissenschaftlerin Prof. Annelie Keil beschreibt dieses Drama der Ich-Werdung in ihrem Buch »Auf brüchigem Boden Land gewinnen. Biografische Antworten auf Krankheit und Krisen« (2011) plastisch so: »Des Menschen Lebensreise ist ein fortwährender Prozess der Wandlung im Wechsel von Chaos und Ordnung. Zwischen Anpassung und Widerstand ist sie vor allem ein Weg durch die Fremde ohne Landkarte und Navigator, über Berg und Tal, mit Gipfelstürmen und Abstürzen, auf Autobahnen mit rasendem Tempo und Umwegen im Schneckentempo, auf Trampelpfaden, Seitenwegen und durch Einbahnstraßen und Sackgassen. Bewegung, Aufbruch, Einbruch, Zusammenbruch, Wartezeiten und pausenloses Unterwegssein verlangt dieser Weg. Niemand kann sich dieser Aufgabe entziehen, und jeder Mensch ist herausgefordert, schon im Augenblick seiner Zeugung mit der Arbeit an jener

Aufgabe zu beginnen, aus der unsichtbaren Ordnung, die in ihm steckt, eine einzigartige biografische Welt zu gestalten, die unter seinem Namen zu seinem Lebenswerk heranwächst.«

Ilse, meine Frau, hat dies unzweifelhaft geleistet. Ihre Kindheit war von drei tatkräftigen und liebesfähigen Frauen – Mutter, Tante, Großmutter – geprägt, aber durch einen psychopathischen und gewalttätigen Vater verschattet. Er nahm das kluge, wissensbegierige Mädchen zwei Jahre vor dem Abitur aus dem Gymnasium. Damit war ihr eine universitäre Ausbildung, die sie glänzend gemeistert hätte, versagt. »Das Leben«, resümierte sie später, »war meine Universität«. Dr. med. Bruker, der scherzhaft »Vollwertpapst« genannte Chefarzt und Autor mit 3-Millionen-Auflage, wurde ihr prägendes Schicksal. Sie schrieb mit ihm Bücher, errichtete das Gesundheitszentrum »Dr.-Max-Otto-Bruker-Haus«, baute siebzehn biologische Gästeappartements, gründete den erfolgreichen Verlag »Ernährung-Medizin-Umwelt« (emu) mit seinen erfolgreichen Autoren – und eine Lehrküche. Als Geschäftsführerin delegierte sie jahrzehntelang souverän das Haus. Die von ihr mitgegründete »Gesellschaft für Gesundheitsberatung« (GGB e. V.) bildete bis heute rund 6000 Gesundheitsberaterinnen und Gesundheitsberater GGB aus. Das Monatsmagazin »Der Gesundheitsberater« leitete sie als Chefredakteurin. Ich verehre sie für diese vulkanische Schöpferkraft bis heute.

Als sie starb, war ihr Lebenswerk vollendet. Ilse Gutjahr-Jung hat uns ihr anspruchsvolles Erbe anvertraut. Ihren Lebensbericht an der Seite Dr. Brukers »David gegen Goliath« beendete sie optimistisch mit den Worten: »Das Haus ist bestellt. Die nachfolgende Generation bewährt sich hervorragend. Sie hat den Geist von Dr. Max Otto Bruker erfasst und gibt das Erlebte und Erlernte in seinem Sinne weiter.« Sie konnte getrost gehen.

Überall gibt es den guten Tod. Ralf berichtet über das Verscheiden seines 84-jährigen Vaters: »Er hat seine Frau, meine Schwester und meine beiden Brüder geliebt und uns Kinder mit nie nachlassender Ermunterung und Sympathie ins Erwachsenendasein geführt. Er schuf eine Anwaltskanzlei, baute ein Landhaus mit vielen Tieren und einem Schwimmteich, brachte uns Reiten und Segeln bei, er engagierte sich für Flüchtlinge und Obdachlose, lehrte uns Respekt vor unserer tüchtigen Mutter und arbeitete vergnügt bis zum 81. Lebensjahr. Den Tod unserer seit Jahren kränkenden Mutter akzeptierte er mit Tapferkeit und lernte sogar noch kochen. Er besuchte uns Kinder und Kindeskinder reihum. Als er vergangenen Jahres bei mir und meiner Frau weilte, zog er sich – es war ein sommerlicher Sonntag – nach dem Essen zu seinem gewohnten Mittagsschlaf in unser Gastzimmer zurück. Zum Tee um 16.00 Uhr erschien er nicht. Wir waren verblüfft. War er nicht ein Leben lang die Pünktlichkeit selbst? Unsere Tochter ging, ihn zu wecken. Da lag er friedlich auf der Couch. Er war für immer eingeschlafen. Was für ein beneidenswerter Tod!«

Und Albert Einstein? Durfte nicht auch er »lebenssatt« die Welt verlassen! Unsere Tante Hella wiederum starb nach zwei kleinen Schlaganfällen am dritten mit vierundneunzig Jahren innerhalb eines Tages schmerzlos und friedlich. Sie hatte uns fünf Kinder, als der Vater als Oberstabsarzt im Krieg war und unsere Mutter die beiden Praxen fortführte, betreut. Sie liebte uns, und wir sie ein Leben lang. Wir konnten ihr noch so viel an Zuwendung und Dankbarkeit zurückgeben. Auch dieser Tod war gut wie ihr Leben.

Isolde verlor ihren Mann, als er fast achtundachtzig Jahre alt war. Sie waren vierzig Jahre zusammen. Natürlich blieb das Gefühl des Alleinseins lange Zeit. Doch: »Sein Tod war weder Tragödie noch Erlösung. Ich konnte mich auf seinen Tod vorbereiten, weil er dreißig Jahre Diabetiker und siebzehn Jahre älter war als ich.« Der Jurist arbeitete bis zum achtzigsten Lebensjahr für die Amerikaner an der Universität Maryland in Heidelberg: »Mein Mann hatte eine realitätsbezogene praktische Denkweise, die sich über die vielen Jahre auf mich übertragen hat. Wahrheit, Zuverlässigkeit und Hilfsbereitschaft waren Eigenschaften, die wir praktizierten, und die uns schon beim Kennenlernen verbunden haben.«

Manchmal könnte der biologische Tod sogar leichter zu ertragen sein als der geistige. Da schreibt mir Beatrice über ihre Trauer und ihren Verlust: »Doch es war nicht der Tod, der mir den Verlust beibrachte, sondern die Entscheidung meines früheren Mannes, sich nach über 20 Jahren Beziehung und Ehe sehr rasch und ohne Erklärung von mir zu trennen. Ich hatte immer viel in unsere Beziehung investiert, mich sehr um ihn gekümmert, hatte viel verstanden, akzeptiert, viel Rücksicht genommen ...« Die moralische Fallhöhe ist schwindelerregend für Beatrice: »Die Trennung traf mich wie ein Terroranschlag. Meine Welt, meine Zukunft und vor allem meine Liebe und mein Herz wurden gesprengt, lagen in Trümmern. Unheimlich schmerzhaft ist es für mich – bis heute – , wie diese Beziehung zu Ende ging, ohne Erklärung und ohne Wertschätzung! Auch die Scheidung war sehr schlimm und belastend. Dass mein Mann im Einsatz als Soldat oder bei einem Unfall sterben könnte, hatte ich stets für möglich gehalten und befürchtet. Ein Beziehungsende durch Trennung und Scheidung hatte ich nicht auf dem Plan gehabt. Ein Ende der Ehe durch seinen Tod wäre für mich eine Gnade gewesen – auch wenn sich das schlimm anhört. Ich hätte in diesem Fall mein gegebenes Versprechen, ›bis das der Tod uns scheidet‹, erfüllen können und mein Bild des so geliebten Menschen wäre unversehrt geblieben. Es wäre dann eine andere Art des Schmerzes, eine andere Trauer gewesen.«

Liebe Beatrice lass die Hoffnung nicht fahren. Auch wenn Du schreibst: »Die Trennung liegt fast sechs Jahre zurück. Eine neue Partnerschaft konnte ich noch nicht wieder eingehen. Dazu fehlt es mir noch an Vertrauen, Kraft, Zuversicht und Hoffnung.« Vielleicht helfen Dir die Worte des Dichters Friedrich Hölderlin (1770–1843): »Ich habe so oft erfahren, wie ein Zuruf, der aus dem Heiligtume unserer Seele kam, in tiefer Betrübnis uns beglücken und neues Leben, neue Hoffnung schaffen kann.«

Auch aus einer schwierigen Ehe kann ein guter Tod erwachsen. Gisela spricht von Erlösung: »Meine Trauerarbeit habe ich in der Auflösung unseres Geschäftes geleistet. Zu meinem Erstaunen zeigte sich mein Mann mehrmals im Traum. Einmal stand er wieder im Laden, was mich ängstigte. Ein andermal sagte er sehr deutlich, dass er nicht mehr der wäre, der er war. Ich spürte auch in dieser Zeit, dass er bei Spaziergängen neben mir ging. Bei einem Nachmittagsschlaf spürte ich, wie er mich in die Arme nahm. Mein Erstaunen war groß. Zärtlichkeit habe ich nie bei ihm gekannt. Sein Ende fand in einem kurzen Todeskampf zu Hause statt. Ich habe mehrere Stunden neben ihm gesessen. Darum konnte ich sein Gesicht beobachten. Dieses Todesantlitz werde ich nie vergessen. Darin zeigte sich ein Frieden, verbunden mit einem überirdischen

Leuchten.« Giselas Bilanz ist zweifach: »Den Lebensweg alleine zu gehen ist nicht einfach. Es hat mich viele Tränen gekostet, aber einem Mann kann ich nicht mehr vertrauen. Das ist nun mal vorbei. Ich habe viel aus meinem Leben gemacht, viel gelernt und mir meine Jugendwünsche erfüllt. Ich habe meinen inneren Frieden gefunden.«

Es gibt vermutlich so etwas wie prämortale Trauer. Das ist die Trauer um einen Partner, der zwar noch physisch lebt, aber geistig nicht mehr vorhanden ist. Ein Partner, der dich nicht mehr erkennt und nur noch ein sterblicher Überrest mit Vitalfunktionen darstellt. Was soll da noch der Überlebenden helfen? Ein Trauertraktat, eine Selbsthilfegruppe, Psychopharmaka? Für Marija endete die Tragödie und Erlösung, als ihr Dieter nach 45 gemeinsamen Jahren mit 89 inmitten der Pandemie starb: »Es war eine Erlösung für ihn und es war eine Erlösung für mich und ein Neubeginn. Ich muss mich wieder entdecken. Die Tragödie hat sich über diese Zeit verteilt. Sie gab mir die Möglichkeit, sie immer mehr anzunehmen. Dieter war in den letzten 34 Monaten, nach Schlaganfall, verändert. Etwa ein Drittel des Gehirns stand ihm nicht mehr zur

Verfügung. Ich sorgte für ihn und verlor mich selbst zu einem großen Teil dabei. Hilfe bekam ich. Verantwortung konnte ich zu bestimmten Zeiten abgeben, aber einen Gesprächspartner habe ich verloren. Unsere Spaziergänge gab es nicht mehr. Ich habe die meisten meiner Gewohnheiten verloren und bekam immer mehr neue Pflichten dazu.« Und doch empfand sie einen guten Tod: »Es tröstet mich am Ende, dass er gewusst hat, was ich für ihn getan habe und was er mir bedeutet: In der letzten Nacht zu Hause, als ich nicht mehr verstehen konnte, was er sagte, nahm er meine Hand und küsste sie.«

Mitgenommen von Dieter hat Marija »viele schöne, gute und nützliche Dinge, seine Fröhlichkeit, Leichtigkeit des Lebens und sein diszipliniertes Vorgehen, seine Verlässlichkeit, Respekt gegenüber dem Leben, Menschen, Frauen, mir gegenüber … Ich höre ihn gelegentlich, ich habe das Gefühl, er sei im Zimmer daneben, will mit ihm etwas teilen, ihm etwas sagen, er tröstet mich, lässt mich weiter leben, leichter und weiter gehen.«

Bernadette hat die Sterbestunden und das letzte Wort ihres Mannes unauslöschlich im Gedächtnis: »Nach 48 Stunden zwischen Leben und Tod – während der Tumor in seinem Kopf die Kontrolle in seinem Leben übernimmt – kommt er von der Schwelle des Todes noch einmal zurück. Ich sitze bei ihm und lausche seinen Worten, blicke ihm in seine Augen und versenke mich in die Welt der Gefühle und der uneingeschränkten Liebe. Er hilft mir dabei. Sein Blick wird klar, seine Bewegungen hören auf, und seine unruhigen Gesten des rechten Armes werden ruhig. Er unterbricht seinen Monolog und sieht mich nur noch an. Sein Blick sucht meinen Blick … und geht tief, sehr sehr tief in mich hinein … und berührt eine Ebene in mir, in der ich kaum noch atmen möchte, so unfassbar gefangen, gebannt, geflutet von einer Welle schier unsäglicher Intensität. Er beendet diesen magischen Moment, indem er seinen Arm über die Bettkante hinweg bewegt und mit seiner Hand sanft über meine Haare streichelt, dann über mein Gesicht. Er spricht, klar und deutlich, während er nicht eine Sekunde den Blick in meine Augen abwendet: ›Und manchmal ist ein Mensch nur allein für die Sehnsucht da‹. Das waren seine letzten Worte.«

Dürfen Erlösung und neue Liebe sein? Regine verlor nach schwerer Krankheit ihren Mann

Harald. Sie waren über 32 Jahre verheiratet, haben Tochter, Sohn und Enkel. Nach zehn Jahren kam 2012 sein Malignom Gist, eine seltene Krebsart, zurück. Regine und Harald wohnten inzwischen an der Nordseeküste und genossen dort schöne Jahre. Es folgte ein fast einjähriger Krankenhausaufenthalt, über vierzig Operationen und ein schwerst pflegebedürftiger Mann. Er bekam ein Stoma (künstlicher Darmausgang), musste künstlich ernährt werden, überlebte mit einer Morphiumpumpe gegen die unerträglichen Schmerzen: »Auch einen Blasenkatheter musste man ihm setzen, weil beide Harnleiter geschient werden mussten, denn ein fußballgroßer Tumor drückte auf die Venen. Kurz und gut, es waren vier sehr pflegeintensive Jahre, die uns als Freunde unglaublich zusammenschweißten, aber als Paar zerrissen. Ich war Hausfrau, Köchin, Pflegefachkraft, Krankenschwester, Stoma-Therapeutin, Hundesitter und vieles mehr, aber keine Ehefrau mehr. Harald wurde durch die Krankheit und die Medikamente oft ungerecht. Trotzdem habe ich nie gegen seinen Wunsch entschieden. Er konnte bis zum Schluss zu Hause bleiben. Sein letzter Atemzug in seiner gewohnten Umgebung war eine große Erlösung.« Und: »Er sagte drei Tage vorher zu den Kindern, dass er sich wünscht, dass ich nochmal glücklich werde. Von ihnen hat er sich auch verabschiedet. Wir beide konnten es irgendwie nicht. Seine Liebe, Gutmütigkeit, sein großes Herz für seine Familie, seine Fürsorge, seine oft zweideutigen lustigen Geschichten und vieles mehr nehme ich mit und behalte es für immer bei mir.«

Regines Leben schien zu Ende: »Mich selbst gab es nicht mehr, ich habe einfach nur noch funktioniert.« Doch das Wunder, das das Leben immer wieder beschert, geschah. Sie bekam Kontakt zu ihrer ersten großen Liebe aus dem Taunus. Sie erhielt die Telefonnummer und rief den verschollenen Freund noch am selben Tag an: »Die Freude war riesig, unsere Gespräche fanden von da an täglich über mehrere Stunden statt. Irgendwann war die Neugier so groß, dass wir ein Treffen vereinbarten und er mit seinem Hund die 500 Kilometer hoch an die Küste kam. Gleichzeitig fanden Regines vier Pudel und sein »Labbi« zusammen. Auch eine Katze schloss sich während eines Abendspaziergangs an: »Sie fährt mit in den Urlaub. Geht hier mit uns spazieren, egal ob im Wald oder im Örtchen, wie ein kleiner Wanderzirkus. Ich denke, unsere Verstorbenen werden oftmals oben im Himmel sitzen und schmunzeln über unsere täglichen Erlebnisse mit den Vierbeinern. Nun hat ein neues Kapitel angefangen. Wir sind bereit, es mit Liebe und Leben zu füllen, und ja, auch die Erotik ist wieder eingezogen. Es ist ein ganz anderes Leben. Ich habe auch noch nicht lange mit der Trauer abgeschlossen, aber ich bin wieder glücklich.«

Der gute Tod ist ein einziger Segen – für alle. Stefan berichtet: »Mein Vater war Geologe. Nach zehnjähriger mühseliger Arbeit hatte er mit 82 endlich sein wissenschaftliches Standardwerk, die Sehnsucht seines Lebens, abgeschlossen und dem Verlag das dickleibige Manuskript zugeschickt. Er strahlte mich an und bemerkte ernsthaft: »Jetzt kann ich in Ruhe über den Jordan gehen.« Er schien kerngesund. Eine Woche später erlag er an einem geplatzten Aneurysma dem schmerzlosen Sekundentod.

Leonardo da Vinci (1452–1519) notierte in seinen Tagebüchern: »Sowie ein gut verbrachtes Tagewerk einen angenehmen Schlaf gibt, so gibt ein wohl angewandtes Leben einen heiteren Tod.«

Der gute Tod setzt keineswegs ein durchgängig gutes, harmonisches Leben voraus. Es darf auch kompliziert, mit hohen Amplitudenausschlägen ins Schöne und Schwere gewesen sein. Jutta resümiert ihre Ehe mit der realistischen Feststellung: »Es war eine unendliche, tiefe Liebe. Sie wurde oft versteckt hinter eigener Verletzung, Unsicherheit, Einsamkeit und ewiger Suche. Viele Missverständnisse, Enttäuschungen, Wut und Hass sind entstanden. Genauso groß ist das Vermissen, die Liebe, die tief empfundene, von ihm gelernte Leidenschaft.« Ihr Ehemann starb nach acht Jahren Krebserkrankung 2018. Jutta sendet ihm ein versöhnendes Liebespoem nach:

Ich liebe, also bin ich.
Ich spüre Schmerzen, also bin ich.
Ich lebe, also bin ich.
Ich bin traurig, also bin ich.
Ich vermisse dich.
Ich fühle, bleib bei mir.
Ich glaube an Wunder, also bin ich.

Der schlimme Tod

Heute rot, morgen tot.
Deutsches Sprichwort

Es wäre schön, wenn wir über den Tod nur Gutes sagen könnten. Aber so ist es nicht. Aus meinen Märchenbüchern mit ihren tiefenpsychologischen Deutungen weiß ich um die Polarität dieses Seins: Das Leben ist, wie die Märchen, schön und grausam zugleich. Dornröschen versteinert nach dem sexuellen Missbrauch mit 15 Jahren, so die Urfassung des Märchens, hinter der von ihr errichteten Schutzwand der Dornenhecke. Selbst die besten Männer verbluten an ihr. Schneewittchen, durch den lähmenden Konflikt mit der eifersüchtigen Mutter zermürbt, verharrt lange Zeit im Glassarg ihrer Depression. Blaubart massakriert die Frauen seines Lebens seelisch. Das hässliche Entlein, ein Abbild seines seelisch angeschlagenen Erzählers Hans Christian Andersen, stirbt um ein Haar an seinen Minderwertigkeitskomplexen. Der arme Köhlerjunge Hans in Wilhelm Hauffs Kunstmärchen »Das kalte Herz« verkauft sich für den Reichtum. Rapunzel bezahlt seine Ablösung von dem hexenhaft Mütterlichen mit jahrelanger Einsamkeit. Siddhartha steht am Tiefpunkt seines verworrenen Seelentraumas vor der Selbsttötung. Der Pilot in Saint-Exupérys »Der kleine Prinz« ist abgestürzt. Er droht zu verdursten.

Welche wahren Geschichten über den schlimmen Tod berichtet Ihr lieben Schreiberinnen und Schreiber mir! Welche kaum denkbaren Schicksalsschläge musstet Ihr überleben! Wie viel Leid ist in Eurem Herzen geblieben! Danke für Euren Mut, uns an Euren Qualen teilhaben zu lassen. Du, Girard, um einen anderen Namen zu verwenden, schriebst mir an einem sonnigen Sonntagmorgen in einer Email: »Gestern Mittag ist meine Frau nach einem akuten Herzversagen verstorben. Ich bin unsäglich traurig und verzweifelt. Ich habe sie immer geliebt. Trotz der Probleme und Konflikte wollte ich immer einen gemeinsamen Lebensabend. Ich brauche Deine Hilfe.« Noch vier Wochen zuvor wart Ihr beide bei mir gewesen. Sie ließ Dich nicht in Ruhe. Sie stritt bis aufs Blut mit Dir. Du warst ratlos. Doch als ich am Ende der schwierigen Sitzung Euch bat, sich auf die beiden Korbsessel gegenüber zu setzen und dem anderen zu offenbaren, »Was liebe ich körperlich und geistig an dir?«, da schautest Du ihren schlanken Körper an und sagtest: »Alles«. Sie rühmte Dich nach diesem Streit mit dem überraschenden Satz: »Du bist verlässlich!«. Dann starb sie 24 Stunden vor Deiner Mail an mich an einem Riss ihrer Herzklappe den Sekundentod.

Als meine Frau und ich vor zwei Jahren in den Urlaub an den Lago Maggiore fuhren, stießen wir in Brissago als erste auf eine spektakuläre Unfallstelle. Vor dem 10 Meter über der Straße gelegenen Parkplatz hatte ein 70-jähriger Mann das Gas mit der Bremse verwechselt und war hinuntergestürzt. Er hatte in der Klinik am Berghang seine Frau besucht. Heute rot, morgen tot.

Gleich mit zwei Toten musste Gerhard, heute 71 Jahre, fertig werden. Seine erste Frau starb 1999 nach einer großen Operation am Herzen und an der Aorta. Nach drei Jahren heiratete er wieder. Seine zweite Frau starb 2010 an einem malignen Melanom. Er sagt: »Für mich war der Tod in jedem Fall eine Tragödie. Was habe ich von ihnen mitgenommen? In jedem Fall gegenseitige Liebe, Wertschätzung, Einfühlungsvermögen und Glück. Insbesondere von meiner zweiten Frau habe ich darüber hinaus weitere Bereiche mitgenommen, die auch heute noch einen bedeutenden Platz in meinem Leben einnehmen. Zum einen ist es mein christlicher Glaube, zu dem sie mich geführt hat, zum anderen habe ich durch sie die Verbindung zur Gesellschaft für Gesundheitsberatung GGB gefunden.«

Schlimm ist es auch, zu einem Tod zu spät zu kommen. Renate (69) trauert über den viel zu frühen Tod ihrer Tochter Annett. Sie starb 2015 mit gerade einmal 44 Jahren an Krebs. Das ist einfach wider die Natur, wenn – auch das erwachsene – Kind vor der Mutter stirbt. Schlimmer noch: »Ich war nicht bei ihr, ich konnte es nicht sein, weil sie es nicht wollte. Annett hatte ihre Krebserkrankung vor mir und vor ihrer gesamten Ursprungsfamilie verschwiegen.« Dann kam Renate auf des Rätsels Lösung: »Meine Mutter hatte meine Tochter von klein auf vehement und permanent dazu aufgefordert, mit mir über vermeintlich Schwieriges nicht zu sprechen.« Annett lehnte jeden Besuch Renates ab: »Endlich kam die Nachricht: Annett möchte, dass ich zu ihr komme. Der Weg zu ihr bis in die

Schweiz, wo sie lebte, war nicht kurz. Ich kam zu spät, meine Tochter war wenige Stunden zuvor für immer eingeschlafen.« Und doch war dies nicht der Schlussakkord in der Tragödie. Renate: »Aber ich habe es noch geschafft, mit meiner Mutter über die ganze Problematik zu sprechen. Sie ließ mich lange reden und hatte dabei Tränen in den Augen. So hatte ich meine Mutter zuvor nie erlebt. Fünf Jahre hatten wir noch Zeit, unsere Beziehung auf eine andere Ebene zu heben. Es gab kleine, aber wesentliche Veränderungen. Meine Mutter begann, auch über ihre eigenen Gefühle zu sprechen. Das hat uns beiden noch viel gebracht. Meine Mutter ist 2020 im Alter von 97 Jahren verstorben.«

Sabines Mann war süchtig: »Er starb in einem elenden körperlichen Zustand im Krankenhaus an Leberzirrhose. Viele Monate oder gar Jahre zuvor hatte er mich bereits verlassen, indem er zunächst den Rauschgiftdrogen, später dem Alkohol den Vorzug gab. Für das Alter hatte er nicht vorgesorgt.« Trotzdem war die Trennung nie eine Option für Sabine. Die Liebe ist halt, wie die Sängerin Conny Francis in meiner Jugend sang, ein seltsames Spiel. Sabine: »Er war (ist) doch meine große Liebe, mein ›Drachentöter‹, da er es in unseren guten Zeiten vermochte, meine inneren Drachen, meine Ängste zu vertreiben. Dies machte schon seine stattliche Körpergröße und Statur aus. Ich liebte es, mich in seine Armbeuge zu schmiegen oder mich auf unseren Motorrad-Touren mit der Harley an seinen Körper zu klammern. Das gab mir das Gefühl der Sicherheit. Er war ein über die Maßen kluger und wissender Mensch. Er verfasste Liedtexte aus dem Stehgreif und setzte diese, begleitet von seinem Gitarrenspiel, sofort um.« In den letzten Monaten seines Lebens rechnete Sabine täglich damit, ihn leblos vorzufinden: »So nahm ich bereits langsam Abschied von ihm. Als ich den Anruf des Arztes bekam und er mir mitteilte, dass mein Lebensgefährte es geschafft habe, wurde ich in eine tiefe Verzweiflung katapultiert, obwohl ich doch seit Monaten wusste, dass es so kommen würde und es zugleich auch eine Erlösung für uns beide war. Ich schimpfte auf ihn, heulte immer wieder stundenlang vor Einsamkeit, sah mir Fotos an, hörte seine Musik, bat ihn, mir ein Zeichen zu schicken, um zu wissen, dass es ihm gut geht.«

Gibt es das, Schmerz und Glück? Sabine: »Wenn ich an meinen Geliebten denke, dann zumeist an unsere schönen Zeiten. Das lässt mich ganz zufrieden und glücklich sein. Denn so ein Zauber und seine Liebe ist nur wenigen Menschen vergönnt. Dieses Geschenk hat er mir hinterlassen.«

Wie bitter ist es, nicht voneinander Abschied nehmen zu können. Ilse und ich hatten das Glück, dass wir bereits ein altes Paar waren und klar über den Tod sprachen. Fast jeden Tag sagte einer von uns beiden: »Wie schön, dass wir uns noch haben.« Das war für uns keine Selbstverständlichkeit. Ilse wünschte sich auch unbedingt, vor mir zu sterben. »Ohne Dich würde ich es nicht aushalten«, sagte sie. Nach ihrem Tod ist mir dann auch klar geworden, dass ich mit meinem Schmerz um ihren Weggang ihr diese Aufgabe abgenommen und ihr damit ein Opfer, ein letztes Liebesgeschenk, gebracht habe. Ich bin halbiert. Wie sagte die Lyrikerin Mascha Kaléko so hellsichtig: »Bedenkt: den eigenen Tod, den stirbt man nur, / doch mit dem Tod der andern muss man leben.«

Was aber erlebte Ilona? Am Samstag, den 6. Februar 2016, beschlossen sie und ihr Mann Klaus, das schöne Wetter zu nutzen für einen ausgiebigen Spaziergang. »Unterwegs schlug Klaus dann ganz spontan vor, bei meiner Tante reinzuschauen. Sie freute sich, uns zu sehen.« Ein gemütlicher Abend erwartete sie: »Ich hatte noch Wäsche aufzuhängen, und Klaus räumte die Spülmaschine aus. Dann schaltete er den Fernseher für die Sportschau ein, während ich mich um die Vorbereitung des Abendessens kümmerte. Soweit, so gut. Ein ganz normaler harmonischer Tag. Dann plötzlich rief mich Klaus beim Vornamen, was an sich schon ungewöhnlich war. Ich ging zu ihm und war erschrocken zu sehen, dass er akute Luftnot hatte. Auf meine Frage: ›Was ist denn los?‹ sagte er: ›Nicht fragen!‹«. Der Notarzt stellte akutes Herzflimmern fest: Reanimation und Elektroschocks blieben ohne Erfolg. Eine Herzkatheter-Untersuchung im Krankenhaus sollte die Rettung sein, leider vergeblich. Der Arzt dort überbrachte mir schon nach kurzer Zeit die Nachricht, dass das Herz meines Mannes aufgehört hatte zu schlagen. Todeszeitpunkt: 19.24 Uhr. In weniger als zwei Stunden hatte mein Leben eine derart krasse Wende genommen, dass ich völlig fassungslos war. Ich konnte einfach nicht glauben, meinen geliebten Klaus verloren zu haben.«

Verzweiflung auch bei einem anderen tragischen Tod. Volkers einzige Liebe Birgit, eine Gesundheitsberaterin GGB, starb an einer Lungenentzündung im Krankenhaus. Ein Schwächeanfall war vorausgegangen. Sie wurde positiv auf Covid getestet und beatmet: »Wie mir und unseren drei Kindern dann am 22.12.2021 mitgeteilt wurde, sei die Lunge irreparabel geschädigt. Am 23.12. durften wir sie dann gnädiger Weise noch einmal sehen, bevor das Beatmungsgerät abgeschaltet wurde. Nachdem ihr Herz zu schlagen aufgehört hat, meinte die Ärztin: ›Sie hat's geschafft‹. Nein, ganz und gar nicht. Sie hatte noch so viel vor, und so vieles hat sie unvollendet zurück gelassen. Wir wollten auswandern.« Volker, gleichsam am Meeresboden des Schmerzes: »Ich befinde mich in einer Tragödie, die niemals enden wird. Alles was ich bin, mein ganzes Wesen wurde durch Birgit beeinflusst. Allein, ich habe es nicht erkannt und nicht geschätzt. Ich leiste keine Trauerarbeit. Birgit hasste das Wort ›Arbeit‹, da es in meinem Leben die Hauptrolle gespielt hat, die eigentlich ihr zugestanden hätte. Ich büße. Meine Vorstellungskraft geht nicht so weit, als dass das Ende meiner Trauer darin vorkommen könnte.«

Lieber Volker, ich bin sicher, dass Birgit und Deine Kinder Dich wieder glücklich sehen wollen. Aber mit 58 Jahren wie Birgit zu sterben und noch so viel Schönes vom Leben gehabt haben zu wollen, das ist und bleibt eine Tragödie.

Fast glaubte Gerhard II, wieder das Lebensglück gefunden zu haben. Denn seine erste Frau starb nach 32 Jahren in Spanien, wo er in einer Firma arbeitete: »Die Kinder waren längst zum Studium nach Deutschland gezogen, da geschah das Unerwartete: Ich saß auf meinem Heimtrainer vor dem Schwimmbad, und während meine Frau schwamm, sah ich sie plötzlich kopfüber im Wasser hängen. Sie erlitt einen Hirnschlag. Sie kam ins Krankenhaus und verstarb nach drei Tagen. Ich konnte mir nicht vorstellen, alleine weiterzuleben. Ich fiel in Depressionen und schrieb an Kontaktadressen und lernte schon nach neun Monaten eine neue Frau kennen, mit der ich inzwischen wieder beinahe 27 Jahre verheiratet bin.« Leonie und ein Aufenthalt in der psychosomatischen Hochgrat-Klinik in Oberstaufen halfen, seine Lebensdefizite aufzuarbeiten. Aber es sieht so aus, als ob ihm die Götter sein Glück neiden: »Allerdings habe ich nun eine weitere schwere Herausforderung zu bewältigen, denn seit etwa 1,5 Jahren ist Leonie an Alzheimer erkrankt. Ich muss nun die ganze Verantwortung und den Haushalt bewältigen. Ich bin jetzt an dem Punkt angekommen, wo ich mir Hilfe suchen muss. Das habe ich lernen müssen.«

Was ist der Mensch doch für ein Wunderwesen. Gerhard gibt nicht auf: »Ich werde bald 84 Jahre und kann auf ein bewegtes Leben zurückblicken, dankbar sein für all das Erlebte und auf meine Gesundheit, die dank vegetarischer Ernährung und körperlicher und geistiger Ertüchtigung mir die Kraft gibt, die weiteren Herausforderungen zu meistern, keine leichte Aufgabe.« Lieber Gerhard, ich wünsche Dir alles Glück dieser Welt dazu.

Hiltrud schrieb mir: »Du hast den plötzlichen Tod von Ilse, der größten Liebe Deines Lebens, erleiden müssen und kannst deshalb am besten auch den großen Schmerz nachempfinden, der mich traf, als Boris, die größte Liebe *meines* Lebens, von mir ging. In seinem Fall war es die Diagnose »Bronchialkarzinom«, die uns wie ein Blitz aus heiterem Himmel traf. Boris war selbst Arzt, ein Anästhesist. Es sollten etwa 1,5 Jahre mit einem ständigen Auf und Ab, mit

Erfolg und Niederlage und dem endgültigen Ende vor sechs Jahren werden. Was für ihn schließlich die Erlösung war, bedeutete für mich die größte Tragödie meines Lebens. Meine heile Welt verwandelte sich in einen Trümmerhaufen aus Trauer, Tränen, Schmerz, Einsamkeit, Lebensangst und Todessehnsucht. Diese Gefühle überwältigen mich sehr, oft auch heute noch.« Und doch: »Es spielt etwas ganz Entscheidendes eine Rolle: Nämlich die grenzenlose Dankbarkeit für das gegenseitige Vertrauensverhältnis, das einem, wie ich glaube, nur einmal im Leben begegnen kann. Ich bedanke mich jeden Tag in einem Gebet bei Gott und bei Boris. Dass ich an ihm gewachsen bin und mich weiter entwickeln konnte, ist ebenfalls sein großes Verdienst und steigert noch meine Dankbarkeit.«

Knapp rückt Brigitte das Herzensdrama um ihren Vater ins Bild. Er starb mit 49 Jahren am zweiten Herzinfarkt: »Beim ersten Herzinfarkt war ich zu Hause. Ich kann bei solchen Sachen sehr schnell und sicher reagieren. Aber hier musste ich länger arbeiten und kam nach Hause. Ich sah nur noch, wie der Defibrillator angesetzt wurde und das Herz nicht mehr zum Schlagen gebracht hat.« Worin bestand die Tragödie: »Ich habe meinen Seelenverwandten, die Person, die mein Vorbild war, verloren. Ich habe ihn sterben sehen.«

Kosta, der Grieche, erlebte den Zwiespalt zwischen Erlösung und Tragödie: »Meine Frau Britta hatte ihren letzten Atemzug mit 38 Jahren, nach wiederholten Hirnoperationen, in einer neurologischen Klinik in Tübingen gelassen. Für uns war ihr Verlust eine Tragödie, für die verstorbene, beispielhafte Mutter eine Erlösung. Für die drei Kinder war und bleibt der vorzeitige Mutterverlust ein tiefes psychisches Trauma, und als solches begleitet es sie und beeinflusst unbewusst ihr Verhalten. Aber nichts Schlechtes ohne Gutes, denn die Familie rückte näher zusammen. Geholfen hat uns bei der Trauer der unerbittliche Kampf um das Überleben und die möglichst positive weitere Entwicklung in der Familie. Kosta erinnert an seinen großen philosophischen Landsmann Sokrates (470–399 v. Chr.). Er erinnert an seine Worte vor dem staatlich befohlenen Tod: »Nun muss ich bald vom Leben gehen, da Sie mich zum Tode verurteilt haben, aber wer ist der Glücklichere, ich, der jetzt sterben muss, oder Ihr, die Ihr noch weiter lebt.«

Wie schlimm ist es, ein Geschwister zu verlieren. Ich selbst bin der Jüngste. Das macht mir Angst, an das Ende von Albert, Christoph und Maria Theresia denken zu müssen. Wir lieben uns. Wir haben ein Leben lang nach der hilflosen Scheidung unserer Eltern zusammengehalten. Meine Schwester und meine Brüder sind klug und warmherzig. Aber wir akzeptieren alle den Tod.

Claudia erkennt: »Ich habe vor nunmehr fast 25 Jahren meinen Bruder durch einen Motorradunfall verloren. Ich hadere immer noch damit. Er wurde mir ohne ein Wort des Abschieds weggenommen. Zurück blieb ein halber Mensch. Jetzt, wo ich diese Zeilen schreibe, laufen mir die Tränen. Für mich ist es das schlimmste Erlebnis in meinem Leben. Ich werde bald 56, und er war 33. Meine Mutter ist daran zerbrochen. Ein Drama.« Aber wieviel bleibt uns auch! Claudia begreift: »Dass er ein wunderbarer Mensch war und wir zu wenig Zeit miteinander verbracht haben. Ich habe von ihm die Leidenschaft für Autos und Motorräder mitbekommen, die Lust am Fahrradfahren und die Liebe für die Berge. Es ist die Geschwindigkeit, die Freiheit und die Fernsicht, das Weite.«

Ina ist die geliebte Nichte meiner Frau. Ilse liebte sie wie eine Tochter. Ina ist spontan, herzenswarm und von einer bewegenden Liebesfähigkeit. Sie verlor viel zu früh ihre Mutter und ihren ersten Freund: »Leider hat es das Schicksal, warum auch immer, so vorgesehen, dass meine Mutter im Alter von 47 Jahren an einem bösartigen Gehirntumor erkrankte und leider auch daran verstarb. Als sie die Diagnose im März 1993 bekam, war ich 16 Jahre alt. Es brach für uns alle eine Welt zusammen. Die Frau, die alles und alle zusammenhielt, die selber keine schöne Kindheit hatte, wurde von heute auf morgen aus ihrem Leben und ihrer Familie gerissen. Von der Diagnosestellung bis zu ihrem Tod vergingen nur neun Monate. Neun Monate Kampf, aber im Nachhinein auch neun Monate, in denen wir alle zusammengehalten haben, und von denen ich viel für mein Leben gelernt habe. Es war hart zu sehen, wie hilflos sie war. Meiner Tante Ilse gilt der größte Dank. Sie war in der schwersten Zeit meines, unseres Lebens mehr bei uns, als sie es je wahrnehmen konnte. Täglich begleitete sie mich und meine Familie telefonisch, sie ist zu Besuch gekommen und hat uns unterstützt, so gut sie nur konnte. Sie hat sich aus dem 500 Kilometer entfernten Lahnstein rührend um uns gekümmert und immer die richtigen Worte parat gehabt. Als meine Mutter am 13. Dezember 1993 verstarb, verspürte ich ein Gefühl der Erleichterung, dass sie nicht mehr leidet und die Ungewissheit ein Ende hat. In der Nacht nach ihrem Tod träumte ich davon, dass zwei Hände auf mich zukamen, die mir das Gesicht streicheln wollten. Mir war klar, dass das ein Abschied und Dank von meiner Mutter war.«

Ihr innig geliebter Freund Michael, genannt Michi, half Ina: »Mann, war ich verliebt und glücklich! Auch wenn mich die Trauer um meine Mutter stets begleitete, war Michi der Halt, den ich dringend nötig hatte. In der Zeit und mit ihm begann auch die eigentliche Trauerbewältigung. Dass, was mir wirklich als Erstes geholfen hat, war die Selbsterfahrungsgruppe bei Dir, lieber Mathias. Jeder musste sich nacheinander in die Mitte setzen und in die Runde fragen, ›Was findet ihr schön an mir?‹ Hallooooo, ich war gerade mal 18, naiv und komplexbeladen, und sollte ernsthaft fragen, was findet ihr an mir schöööööön!!!! Ja, es ging, und wie!!! Und der angeblich Kussmund, den ich haben soll, begleitet mich heute fast 30 Jahre später noch, wenn es mir mal nicht gut geht.«

Die gelernte Krankenschwester und heutige Lehrschwester qualifizierte sich beruflich. Und: »Die Liebe zu Michi wuchs von Tag zu Tag: Es war trotz der Trauer um meine Mutter eine schöne Zeit, die mir Lebenskraft und unheimlich viel Energie gab. Michi hatte im März 1995, knapp ein Jahr nach unserem Zusammentreffen, Nachtdienst auf der Intensivstation in Lüneburg. Er absolvierte dort seinen Zivildienst. Ich fuhr am späten Nachmittag noch zu ihm, um mit ihm und seinen Mitbewohnern Dart zu spielen. Das war unser gemeinsames Hobby. Wir verabschiedeten uns. Ich hatte am nächsten Tag frei und konnte ausschlafen. Mein Vater kam morgens in mein Zimmer, weckte mich und sagte, ich solle ans Telefon gehen. Ich verstand ziemlich spät, dass ich die Eltern von Michi am Telefon hatte. Sie berichteten, dass Michi einen schweren Verkehrsunfall hatte und dass es schlecht um ihn stehe. Leider trat der schlimmste Fall ein. Michi erlitt so schwere Verletzungen, dass er diesen erlag.«

Was rettete Ina? Mit Sicherheit ihre lebensbejahende Grundeinstellung, ihr Lachen und ihre Lebensfreude. Vor allem aber dankt sie meiner Frau Ilse: »Meiner Tante, die unvergessen immer für mich und für uns da war, nie hektisch wurde, immer verständnisvoll war, mir immer Zeit und Raum gab, um mich entfalten zu können, die mich verstand, ohne dass ich etwas sagte, die, wenn auch nicht immer körperlich, aber immer seelisch bei mir war. Die mit mir lachte, mich stützte, Dinge erlaubte, die meine Eltern nicht erlaubten, die mit mir über die Stränge schlug und mich dann in den Arm nahm, wenn ich es am meisten brauchte. Sie war neben meinen Eltern die Stütze in meiner Kindheit und im Erwachsenwerden.«

Ina geht einen Schritt weiter: »Um aus der Vergangenheit ins Hier und Jetzt zu kommen, geht eine ganz große und wichtige Liebeserklärung an meinen Mann Didi, der zu mir hält, von jedem ersten Tag unserer Liebe an.

Und Dir, lieber Mathias, möchte ich auch unbedingt danken. Du hast vom ersten Augenblick zu uns gehört. Ich danke Dir für Deine Liebe zu uns und dass auch Du mich in der Zeit der Trauer in Dein Seminar aufgenommen hast, ohne zu zögern, und mich aufgebaut hast und immer wusstest, welche Worte mir gut tun.«

Ach, Ina, Du hast es nicht leicht gehabt und bist doch eine fröhliche Mutter Deines Sohnes Michi und Deiner Tochter Jule geworden. Ich sage es Dir mit den Worten der Psychologin Irmtraud Tarr (»Was rettet«): »Den größten Teil unserer Lebensgeschichte schreiben wir nicht selbst, sondern Schicksal, Zufall und Notwendigkeit schreiben an ihr mit.«

Was kann noch helfen, wenn der geliebte Mensch die ganze Welt bedeutet? Für Birte war Christian alles. Aber seine Gesundheit war eine Katastrophe. Sein Tod war nicht aufzuhalten. Im Gegenteil, er verabredete mit Birte energisch, seine Qualen nicht zu verlängern, sondern sinnlose lebenserhaltende Maßnahmen, wie sie die Ärzte vorschlugen, zu unterlassen. Es musste zu diesem Zweck sogar die Ethikkommission eingeschaltet werden. Diesem brennenden Wunsch Christians kam Birte tapfer nach. Er erfüllte ihrerseits zuvor ihren Wunsch nach Kindern. Meret und Marieke wurden ihr gemeinsames töchterliches Glück.

Nach Christians Tod stürzte Birte ab: »Ich hatte so ziemlich alles verloren, was in meinem Leben von Bedeutung war. Er war fast alles für mich, und ich war fast alles für ihn. Ich habe mein Zuhause, meine zweite Hälfte, meinen Mann, meinen Geliebten, den Vater meiner Kinder, meinen besten Freund, meinen Seelenverwandten, meine Ruhe in stürmischen Zeiten, meinen Halt, meine Zuflucht und meine Liebe verloren … Der Gedanke daran, ihn nicht mehr in der Wohnung zu wissen, wenn ich nach Hause kam, nicht mehr mit ihm sprechen zu können, machte mich fast wahnsinnig.« Sie brach zusammen. Was half? Birte ließ sich ins Krankenhaus einweisen, holte sich Hilfe. Sie erlaubte sich ihre Schwäche.

Langsam meldete sich wieder Lebensfreude. Christian hatte ihr einen noblen Auftrag hinterlassen. Er bat: »Birte, suche dir bitte, wenn ich tot bin, einen Mann aus, der so richtig anpacken kann und nicht so vergeistigt und schwach ist wie ich.« So etwas wollte sie damals natürlich nicht hören. Aber dann trat Jan in das Leben von Birte, Meret und Marieke: »Niemals hatte ich mir vorstellen können, dass ich noch einmal einen Menschen so dicht an mich heranlasse wie Christian: »Wir trafen uns zu viert. Meine eigentlich schüchternen Mädels waren nicht wiederzuerkennen. Von Anfang an war eine Verbundenheit zu spüren. Jan hat es uns auch leicht gemacht. Mit seiner ruhigen und entspannten Art hat er viele Wogen geglättet. Meret und Marieke strahlten. Von diesem Tag an war er nur noch Papa für sie. Er ist auch sehr tatkräftig und handwerklich begabt, Christian würde sich sehr freuen. Unser Sohn Erik kam 2012 zur Welt. Unsere jüngste Tochter Tomke 2015.«

Birte hat Christian für immer in ihr Herz eingebürgert. Sie zieht den Schluss: »Trauer ist schmerzhaft und kaum auszuhalten. Ist man aber auf dem Weg durch sie hindurchgegangen und ist man mutig genug, neue Wege zu gehen, wird man wieder glücklich sein können mit sich und seinem Leben.«

Der Suizid

Es ist vielleicht das einzige Stück Freiheit, das man sein ganzes Leben ununterbrochen besitzt: die Freiheit, das Leben wegzuwerfen.

Stefan Zweig
(1881 – 1942)
Der Dichter nahm sich 1944
aus Verzweiflung über die
Barbarei des 2. Weltkrieges
im brasilianischen Exil das Leben.

In der therapeutischen Arbeit mit meinen Klienten stoße ich erschreckend oft auf die Tatsache, dass sie das Drama einer Selbsttötung in der Familie oder sogar einen eigenen Suizidversuch über Jahrzehnte hinweg nicht aufgearbeitet, nicht beweint, nicht bewütet, nicht begriffen und damit nicht beendet haben. Wir tragen dann diese Last ein Leben lang mit uns herum. Da ist ungelebte Trauer, aber auch Wut auf den, der uns sein Leben vor die Füße geworfen hat. Da sind Schuldgefühle, Selbstvorwürfe, manchmal auch ein geheimer, osmotischer

Sog, in bitteren Stunden es ihm oder ihr gleichzutun.

Selbst heute, inmitten einer aufgeklärten Gesellschaft, ist der »Selbstmord« noch ein Tabuthema. Das liegt schon in der anstößigen Formulierung des Begriffes begründet. Hat hier wirklich jemand gemordet? Kann man sich selbst morden? Definiert nicht das Strafrecht den Mord als vorsätzliche Tötung eines Menschen aus »Mordlust«, zur »Befriedigung des Geschlechtstriebs«, aus »Habgier« oder aus anderen »niedrigen Beweggründen«? Nennt der Gesetzgeber nicht ausdrücklich die Attribute »heimtückisch«, »grausam«? Dient der Mord nach dem Bürgerlichen Gesetzbuch nicht gar dazu, »eine Straftat zu ermöglichen oder zu verdecken«? Wir sehen hier schon: Das diskriminierende Wort »Selbstmord« ist nicht zu halten. Es beleidigt den, der diesen Notausgang aus dem Leben gewählt hat. Das Wort »Suizid« ist angemessener. Es stammt von dem lateinischen Begriff »suum caedere«, »sich töten«. Gisela II: Vor 18,5 Jahren war es eine Tragödie: Mein Mann hat Suizid begangen. Er war 50 Jahre alt und hat mich und drei Töchter ver- und hinterlassen. Vorausgegangen war eine Fernbeziehung mit anschließendem Tabletten- und Alkoholmissbrauch. Er war in ärztlicher Behandlung. Seine Diagnose: manisch-depressiv. Als er sich für Hilfe öffnete, kam das Rezept zur Überweisung in eine psychiatrische Klinik zu spät.

Was Gisela und ihre Töchter mitnahmen, erkannten sie erst nach einiger Zeit: »Zuerst Unverständnis, weil Suizid geht nicht, oder doch? Hilflosigkeit, verloren sein, keine Zukunft haben. Was wird nun aus uns? Mitgenommen haben wir viel: Spontanität, Fürsorglichkeit, Zusammenhalt, Vertrauen ins Leben.« Ihr Mann hatte ihr und den Kindern bei seinem letzten Besuch versprochen, »dass wir wieder eine Familie werden«, und das Buch von Neale Donald Walsch »Gespräche mit Gott« empfohlen. Mir half die Aussage, dass er sagt, dass »jeder Mensch seine Geburt und seinen Tod, wie auch immer, selbst bestimmt«. Hilfreich war für Gisela, dass sie schon seit fünf Jahren ehrenamtlich in der Sterbebegleitung tätig war. Eine spätere Beziehung trug nicht. Aber die Gesundheitsberaterin GGB freut sich über drei gesunde Enkelkinder (»Trisomie 21 ist für mich keine Krankheit«) und erkennt: »Heute bin ich glücklich«. Ausdrücklich spricht sie von dem durch eigene

Hand Verstorbenen als einem »liebevollen Mann und Vater«.

Dürfen Menschen ein für sie hoffnungslos scheinendes Leben nicht beenden? Uns allen ist der Schlafmitteltod Hannelore Kohls und der wahrscheinliche Fallschirmsuizid des FDP Spitzenpolitikers Jürgen Möllemann unter die Haut gegangen. War es nicht im Falle des Politikers ein moralisch-psychologischer Zusammenbruch, als die Staatsanwaltschaft vor dem Münsteraner Eigenheim stand, um mögliche Belege für Rüstungsgeschäfte und Steuerschwindel per Hausdurchsuchung auszugraben? So viele Selbsttötungen, so viele Schicksale. Auch der Suizid gehört, paradox formuliert, zum Leben. Wir sollen den Menschen, der den Tod als »ultima ratio«, als letzten Weg der Vernunft, gewählt hat, nicht verurteilen. Hannelore Kohl ging bewusst in den Tod. Der Spendenskandal ihres Mannes drohte das gemeinsame Lebenswerk zu zerstören. Die politischen Weggefährten wandten sich ab. Hannelore Kohl musste sich gegen den – unbegründeten – Verdacht wehren, sie habe Schwarzgelder ihres Mannes über die Konten des von ihr geführten »Kuratoriums für Gehirngeschädigte« laufen lassen. Sie wurde beim

Einkauf als »Spendenhure« angepöbelt. Sie bekam ihre lichtallergische Krankheit, von der sie annahm, dass sie unheilbar sei.

Walter berichtete mir in der Praxis, wie seine Tante Lisa mit siebenundachtzig Jahren aus dem Leben flüchtete: »Sie war immer sehr fleißig gewesen. Sie hatte nicht nur ihrem Mann den Haushalt geführt, sondern auch Buchführung und Steuer in seinem Friseurgeschäft übernommen. Als sie sechsundsiebzig war, starb ihr Mann, fünf Jahre später auch ihr einziger Sohn. Tante Lisa zog aus ihrem Haus in eine kleine Eigentumswohnung um. Dann erlitt sie einen Oberschenkelhalsbruch und litt zunehmend unter Polyarthritis. Sie konnte nicht mehr kochen und wegen ihrer starken Gelenkschmerzen auch nicht mehr das Haus verlassen. Ein Zivildienstleistender brachte ihr Essen auf Rädern. Ich war als Neffe der einzige verbliebene Angehörige. Als Ingenieur arbeitete ich jedoch überwiegend im Ausland auf Montage. Tante Lisas Freundinnen starben weg. Als ich das letzte Mal während eines Urlaubs bei ihr war, fand ich sie vereinsamt, abgemagert und ihre Wohnung verwahrlost vor. Ich war erschrocken und empfahl ihr die Übersiedelung in ein gepflegtes Wohnheim. Tante Lisa tat sich mit diesem Entschluss schwer. Das sei, so sagte sie, nur der ›Wartesaal des Todes‹.

Ich habe sie dann jedenfalls in diesem Seniorenheim angemeldet, was sie schließlich zuließ. Ein halbe Jahr später sollte ein Appartement frei werden. Dann musste ich wieder ins Ausland. Weil ich Tante Lisa liebte, habe ich sie jede Woche angerufen. Sie sprach nicht viel von sich. Eines Tages rief mich der Zivildienstleistende an. Tante Lisa hatte sich umgebracht.

Sie tat dies, indem sie ihren Hausarzt bedrängte, ihr wegen ihrer angeblichen Schlaflosigkeit Tabletten zu verschreiben. Sie sammelte sie und schluckte sie dann alle auf einmal. In einer Abschiedsbotschaft an mich schrieb sie: »Es hat keinen Sinn mehr. Ich will in kein Heim. Ich will da sterben, wo ich mich wohl fühle, und ich will die wahnsinnigen Schmerzen nicht länger aushalten. Mache Dir keine Sorgen, es ist alles gut so, wie es ist. Heute weiß ich, Tante Lisa fühlte sich völlig alleine. Sie hätte Betreuung und vielfältige Lebenskontakte gebraucht.« Und wohl auch eine effiziente Schmerztherapie.

Alte Menschen, die sich das Leben nehmen,

tun das, weil das Leben längst nicht mehr da ist. Es ist zuerst ein *sozialer* Tod.

Besonders gefährdet sind Jugendliche. Sie stehen in der kompliziertesten Inividuationsphase ihres Lebens. Juvenile Krisen können sie umwerfen. Sie besitzen noch keine angemessenen »Copystrategien«, also Lösungsrepertoires. Schon Einsamkeit und Liebeskummer können den verhängnisvollen Todescoctail mixen. Ich denke an den Fall von Anna. Sie starb mit siebzehn Jahren an einer Überdosis von Barbituraten.

Was war geschehen? Wie ihr verzweifelter Vater mir berichtete, hasste Anna ihre Mutter. Sie war, als das Mädchen neun Jahre alt war, mit einem Geschäftsmann nach Neuseeland »durchgebrannt«. Sie hatte Anna mit dem Versprechen zurückgelassen, sie bald nachzuholen. Daraus wurde nichts. Anna fühlte sich verraten. Dann spürte sie sich erneut betrogen, als sich ihr Vater einer Fünfundzwanzigjährigen zuwandte und sie als Partnerin ins Haus holte. Von da an war es mit der vorübergehenden exklusiven Vater-Tochter-Beziehung vorbei. Damit nicht genug, verliebte sich die frühreife Anna in einen verheirateten Mann, wohl eine Vaterfigur für sie.

Der ließ sie nach einigen Monaten wie eine heiße Kartoffel fallen. In der Schule hatte Anna sich längst ausgegrenzt. Sie musste eine Klasse wiederholen und verlor ihre beste Freundin. Anna sprach sich mit keinem aus. Sie schluckte alles Elend in sich hinein, am Schluss auch die Tabletten.

Der häufig beruflich abwesende Vater hatte von Annas depressiver Verschattung und dem immer deutlicher werdenden »präsuizidalen Syndrom« (Erwin Ringel), der Verengung ihres Blickwinkels, dem Grübelzwang und ihren Todesgedanken nichts bemerkt. In ihrem Tagebuch fand er später die beiden Sätze: »Ich weiß nicht mehr weiter. Das Leben ist die Hölle.«

Zur Hölle wurde das Leben auch für Ulrikes Freund vor 19 Jahren. Beide waren blutjung, er 19 Jahre alt: Er raste mit seinem Auto von den Höhen von Koblenz mit dem Auto herunter, steuerte gegen einen Baum, alles ging in Flammen auf. Ulrike: »Nach vier Jahren hatte ich die Beziehung beendet, weil es nicht mehr tragbar und sehr anstrengend war trotz der Liebe. Er hat gekämpft um mich und gedroht, wenn ich nicht zurückkomme, dann will er nicht mehr leben. Seine Mutter war früh verstorben, der Vater hatte nie Zeit für ihn, er hatte falsche Freude und stand unter schlechtem Einfluss. Ihm wurde klar, er hat eigentlich nur noch mich. Er hat sehr gelitten, physisch und psychisch. Er wollte nur noch gehen. Es hat etwas gedauert, ein paar Wochen, bis er es tatsächlich geschafft hat. Glauben beziehungsweise wahrhaben, wollte ich das nie. Es hat mich sehr genervt, dass er nur noch davon geredet hat, sich umzubringen. Eines Abends spät stand dann der Notfallseelsorger vor meiner Tür. Ich weiß noch, dass wir die halbe Nacht mit meinem Hund draußen gelaufen sind. Am nächsten Morgen hatte ich Frühschicht. Ich war tatsächlich arbeiten. Alles ging weiter wie vorher. Das hat mich wohl gerettet.«

Verloren hat Ulrike mit diesem furchtbaren Suizid »die ganz große Liebe, die voll war mit Tragik, Abhängigkeit und Hörigkeit. Auch kurz die Bodenhaftung, aber nur kurz. Ich hatte ein kleines Kind, einen Job, einen Hund. Es musste weitergehen.« Gewonnen hat sie »persönliche Freiheit, Reife und ein Ende der seelischen Unruhe.« Ulrike ist durch diese schwere Krise gewachsen und hat eine Lebensphilosophie gefunden: »Ich nahm mit, dass es Ereignisse gibt, die außerhalb unserer Macht stehen, die einen ungefragt mit voller Wucht aus der Bahn werfen. Mitgenommen habe ich auch, dass man, so schlimm es auch sein mag, nach einer gewissen Zeit immer wieder aufstehen muss, nicht liegen bleiben darf, um nicht in die Dunkelheit gezogen zu werden. Mitgenommen habe ich auch das Bewusstsein, dass das Leben endlich ist und ganz schnell vorbei sein kann. Was wäre passiert, hätte ich auch in seinem Auto gesessen?! Geholfen hat mir der Alltag, seine Struktur, die Ablenkung, der Umstand, gebraucht zu werden für Kind, Mann, Beruf und Hund. Geholfen hat mir auch das Wissen, dass mein früherer Freund keine Schmerzen hat, es ihm gutgeht, und der Gedanke, dass wir uns wiedersehen. Jeder Tag kann der letzte sein. Ich versuche, allen Mitmenschen in diesem Bewusstsein zu begegnen. Mir hilft auch der Glaube, dass es da etwas gibt, eine höhere Macht. Alles hat seinen Sinn, warum, weiß man erst sehr viel später.«

Ulrike registriert voller Dankbarkeit: »Inzwischen bin ich seit 11 Jahren mit einem bodenständigen Handwerker in stabiler Liebe. Er hat uns ein schönes Häuschen gebaut. Ich werde bald zum dritten Mal Oma, und Hund Nummer drei bereichert unser Leben.« Gratulation!

Wir sehen, selbst und gerade aus einer tragischen Selbsttötung kann noch eine Lebensbewältigung gewonnen werden. Jessica, 37, Fachangestellte, traf es furchtbar: »Ich verlor meine Mutter, als ich noch 16 Jahre alt war. Sie hat sich in Winningen (über der Mosel – M. J.) von der Autobahnbrücke gestützt: »Weil sie nicht damit zurechtkam, dass sich mein Stiefvater, ihre große Liebe, scheiden lassen wollte. Weil weiter ihr Arbeitgeber damals vor der Insolvenz stand, also die Arbeitslosigkeit drohte und sie ihren 40. Geburtstag feierte. Ich verlor meine Großeltern acht Jahre später 2010, als sich mein Opa während eines Krankenhausaufenthaltes nicht mehr erholte und meine Oma vier Monate später auf ihrer Couch für immer einschlief. Ich glaube, es war ihr gebrochenes Herz. Erst die Tochter, dann ihr Lebensgefährte … sie ist ihnen hinterher.«

Jessica verlor ihre gesamte Familie. Das war eine Tragödie: »Mein warmes, nährendes Nest und mein Rückhalt im Leben verlor ich. Mir wurde mein Boden unter den Füßen weggerissen, und das Dach über meinem Kopf ist zusammengebrochen.« Noch immer sitzt Jessica, die sich mit ihrer Co-Abhängigkeit, Süchten und destruktiven Lebensstrategien herumschlägt, auf einem »hohen Berg voller Traurigkeit und Wut«. Doch: »Sie beflügelt mich aber mittlerweile, meinen Gründen ›auf den Grund zu gehen‹«. Ihre Vision ist es, ihr Drama in einem autobiografischen Sachbuch aufzuschreiben. Sie stellt sich einer anspruchsvollen existenzialistischen Therapie bei einer außergewöhnlichen spirituellen Therapeutin. Jessica ist sich klar: »Ohne meine Trauer wäre mir dieser Weg in Richtung Bewusstheit mutmaßlich weiter verwehrt. Ich würde mich nie trauen, aus meinem Schreiben etwas zu machen.«

Wir sind zur Freiheit verurteilt, sagt der Philosoph Jean Paul Sartre. Der Passivität der Todessehnsucht, die wohl jeder von uns kennt, haben wir die Liebe und das Lebensengagement gegenüberzustellen, solange es geht. Manchmal geht es nicht mehr, und das müssen wir respektieren. Wir dürfen den Suizid nicht als »Sünde« oder »Verrat« verurteilen. Das Leben ist mir in seiner Schönheit und Grausamkeit aufgegeben. Es ist ein Abenteuer, eine Chance, ein Glück, eine Herausforderung, eine Hymne, ein Kampf, ein Rätsel, eine Tragödie, eine Seligkeit, eine Undurchdringlichkeit. Das Leben ist das Leben, und es ist, nach Erich Kästner, immer lebensgefährlich. Es will von jedem von uns auf seine Weise mit all seinen Abstürzen, Irrtümern, Höhepunkten und Umbrüchen gewagt und gelebt werden. Unsere Aufgabe heißt: Leben lernen.

Unterricht

Jeder der geht, belehrt uns ein wenig über uns
selber.
Kostbarster Unterricht an den Sterbebetten.
Alle Spiegel so klar, wie ein See nach großem
Regen.
Ehe der dunstige Tag die Bilder wieder verwischt.
Nur eimal sterben sie für uns. Nie wieder.
Was wüßten wir je ohne sie.
Wir, deren Worte sich verfehlen, wir vergessen es,
Und sie, sie können die Lehre nicht wiederholen.
Mein Tod oder deiner, der nächste Unterricht.
So hell, so deutlich, daß es gleich dunkel wird.

HILDE DOMIN

Sternenkinder

Die Erinnerung ist der sicherste Grund der Liebe.

Novalis
(1772 – 1801)
Heinrich von Ofterdingen

Nicht jeder weiß, was ein »Sternenkind« ist. Laut Weltgesundheitsorganisation WHO kommen fast zwei Millionen Sternenkinder jedes Jahr auf die Welt. Sie sterben bereits im Mutterleib, bei der Geburt oder im frühesten Kindesalter. Wie können Eltern damit zurechtkommen? Dies ist eine ganz besonders schwere Form der Trauer, die meist von der Umgebung auf die Dauer nicht mehr geteilt, ja, kaum verstanden wird.

Mit dem Spruch »Wenn das Leben mit dem Tod beginnt« beschreibt Silvia das schwer Beschreibbare: »Der erste Ton von Dir war ein lautes, schnelles und gleichmäßiges Rauschen und Klopfen. Das war der schönste Ton, den ich je gehört habe und den ich auch nie wieder vergessen werde. Ich habe mich sofort hoffnungslos in dich verliebt. Meine Augen konnten gar nicht von Dir lassen. Mein Herz sprang auf und ab. Ich hatte Tränen in den Augen. Tränen des Glücks, als ich Dich in der 9. Woche auf dem Ultraschallbild meiner Gynäkologin sah und Dein kleines Herzchen ganz aufgeregt klopfen hörte. Ein Sturm von Mutterliebe durchflutete mich augenblicklich. ICH WERDE MAMA! Ein Traum wird endlich wahr.«

Die Schwangerschaft war ein einziges Glück: »Ich stellte mir oft vor, wie es ist, Dich bald in meinen Armen zu halten und zu wiegen, Dir Einschlaflieder vorzusingen und Dein erstes Lächeln zu sehen, Deinen ersten Schritt an meiner Hand zu erleben.« Dann stand der große Ultraschall an und damit die Katastrophe: »Es war, als ob mir jemand den Boden unter den Füßen wegzog und ich in den Abgrund stürze. Ich falle und falle und warte darauf, dass ich auf harten Beton aufschlage. ›Wieso kommen Sie erst jetzt?‹ fährt mich der Pränataldiagnostiker in schroffem Ton an. Mein Mann und ich schauen uns verunsichert an. Während des Ultraschalls ein paar Minuten zuvor wirkte der Arzt konzentriert und sehr ruhig. Ich konnte seine Reaktion nicht einordnen. Seine Miene verfinsterte sich.

Nach einer Pause sagte er mir ins Gesicht: ›Ihr Kind ist krank und wird sterben‹. ›Was?‹ ›Es tut mir leid. Ihr Kind ist sehr krank und wird bald sterben.‹ Tränen. Schock. Ich verstand die Welt nicht mehr. Mein Mann wurde auch kreidebleich.«

Die Hoffnung beflügelte Silvia: »Ich spüre Dich in meinem Bauch, wie Du Dich drehst, wie Du, mal sanft, mal lebendiger, strampelst. Ich will Dich nicht verlieren. Du bist mein Kind. Mein erster Sohn. Du sollst leben! Du bist ein unschuldiges Geschöpf. Du hast doch noch ein ungelebtes Leben!« Aber es half alles nichts: »Nachdem Dein kleines Herzchen in der 28. Schwangerschaftswoche aufhörte zu schlagen, wurde die Geburt eingeleitet. Nach wenigen Presswehen warst Du da. Ganz zerbrechlich und dünn. 724 Gramm, stolze 39 cm. Deine kleine Hände und Füßchen, Dein Gesicht mit Augen, Näschen, Mund, Ohren. Deine zarten Arme und Beine, Dein schlanker Oberkörper. ›Hallo Jayden, ich bin Deine Mama, und Du bist mein Sohn‹, hauchte ich liebevoll in Dein Ohr. Eine Flutwelle von Glücksgefühlen überkam mich. Es war so paradox und nicht in Worte zu fassen. Die Trauer und dann gleichzeitig dieses absolute Mamaglück spüren.« Die Hebamme wickelte Jayden in ein kleines weißes Tuch und legte ihn behutsam in Silvias Arme: »Ich weinte, wiegte Dich stundenlang in meinen Armen und summte Dir Kinderlieder vor. Ich schaute Dich an, nein, ich starrte Dich an: Deine kleinen Finger, Deine fast noch transparente Haut, Deine Stupsnase, Dein kleiner Mund, Deine kleinen Füßchen. Ich versuchte mir alles einzuprägen, denn diese Erinnerungen müssen reichen. Für immer. Mein ganzes Leben lang. Bis ich sterbe.«

Silvia und ihr Mann schmückten für Jayden den Weg über die Regenbogenbrücke: »An dem Platz im Wohnzimmer, wo eigentlich der Wickeltisch stehen sollte, bemalten wir einen Tag später mit Fingerfarben eine kleine weiße Kiste. Den Babysarg. Herzchen, Delfine, unsere Hände, die Dich liebevoll beschützen sollen. Wir schreiben Dir Briefe, legen Kuscheltiere und Fotos in den Babysarg und eine Decke mit Herzmotiv. Ich fühle mich unendlich erschöpft, kraftlos und leer. Kann sich die Welt weiter drehen, wie kann die Sonne aufgehen, wie können die Vögel zwitschern, wo Du doch tot bist? Milcheinschuss. Mein Körper war bereit, Dich zu nähren, und Du bist nicht da.« Die Eltern müssen sich verabschieden: »Ich zitterte. Mein Hals schnürte sich zu. Es war, als gösse mir jemand flüssigen Beton in Lunge und Adern. Die Sehnsucht nach Dir brach mir erneut das Herz.« Wie viel haben die beiden verloren! Silvia: »Jayden aufwachsen zu sehen, bei ihm zu sein, mit ihm zu lachen, zu spielen, ihn zu umarmen, bis ich alt bin und diese Welt verlassen werde, und den Glauben an den natürlichen und gerechten Verlauf des Lebens: Junge Menschen leben, alte Menschen sterben.«

Aber die unglückliche Mutter hat auch Glück gelernt: »Mit Jayden war ich Mama. Die Liebe zu meinem Kind spüren zu dürfen, ist unbeschreiblich schön. Ich habe wieder zu Lachen und zu einem glücklichen Leben zurückgefunden. Jayden ist in meinem Herzen. Den Mut, über meine Geschichte und meinen Sohn zu sprechen, das Tabuthema, und zu enttabuisieren. Wenn ich meine Geschichte erzähle, öffnen sich andere Frauen.« Silvia: »Was ganz klar ist: Jayden, ich liebe Dich, Du bist in meinem Herzen für immer, Deine Mama.«

Monika litt viele Jahre unter den mysteriösen Umständen vor der Geburt ihres verstorbenen

Bruders: »Dass mein großer Bruder Steffi nicht leben durfte, war mir als kleines Mädchen bekannt: Stets breitete sich eine bedrückende Atmosphäre aus, wenn man sich dem Thema näherte. Aber meine Eltern schwiegen sich aus. Meine Mutter schleppte Zeit ihres Lebens – so empfand ich es, eine bedrückende Gedämpftheit mit sich herum, die sie auch auf ihre Umgebung übertrug.«

Dann erfuhr Monika die Wahrheit: »Eine Tante eröffnete mir nach Mutters frühem Tod, dass der Embryo auf Grund von Komplikationen durch Kaiserschnitt geholt werden musste, und man nicht umhin kam – aus welchen Gründen auch immer – den kleinen Körper zu zerstückeln.

Diese grausige, entsetzliche Vorstellung, dass man meinen großen Bruder noch ungeboren ermordete, verließ mich nie. Meine Nachforschungen im Krankenhaus, in dem meine Mutter bei der Entbindung lag und es ihm nicht vergönnt war, das Licht der Welt zu erblicken, ergaben, dass man 1946 die toten Neugeborenen noch auf dem Müll entsorgte. Nicht einmal ein Grab gestand man ihnen zu. Was für eine Entwürdigung!«

In dem Gedicht an ihren geliebten großen Bruder Steffi, schreibt Monika: »In meinen Bauch zieht sich etwas schmerzhaft/zusammen, und ich empfinde eine immense Traurigkeit;/ auch Wut, Angst vor schutzsuchendes Ausgeliefertsein,/und eisige, mich frösteln lassende Kälte.« Und: »Wo immer Du jetzt bist – wiedergeboren oder im Licht des Universums;/in der Welt des Diesseits./Geschwisterlich gehören wir immer zusammen./Dir gehört ein ganz besonderer Platz in meinem Herzen/und unserer Familie.« Sie endet mit den Worten: »ICH LIEBE DICH für immer. Deine Schwester Monika.«

Isabell trauert um die geliebte Tochter Aloha, »die im Alter von 13 Monaten in unseren Armen gegangen ist«. Auch sie wählt ein Gedicht für den elterlichen Schmerz: »Hast so viel Freude in die Welt gebracht,/beim Gedanken an Dich/ mein Herz lacht./Dein Bruder liebt Dich ja so sehr,/und sagt,/die geb‹ ich nicht mehr her.« Aloha fiel über Nacht in die Bewusstlosigkeit: »Einen Monat haben wir in Leipzig verbracht – / Hoffen und Bangen, nicht neben Dir sein in der Nacht./Täglich in Lebensgefahr liegst Du da/im Koma ganz tief und fest,/verkabelt, angeschlossen an Monitore, beatmet – das gibt uns den

Rest./Sie sagten, Du wirst nicht mehr wach.« Isabell und ihr Mann bleiben in der Liebe: »Aloha – danke dass Du uns besucht hast/auch nur für eine – für uns – kleine Rast./Danke, dass wir uns nun auf ewig kennen,/unser Herz hat immer Liebe für Dich brennen.«

Die Liebe ist eine magische Kraft. Brigitte und Michael verloren ihren ungeborenen Sohn. Sie nannten ihn Anton. Sie vergaßen ihn nie. Auch die später geborene Schwester Emmi und der ebenfalls nachgeborene Bruder Ben lieben Anton, den sie nie kennenlernen durften. Ben wünschte sich seine Grabplatte.

Der Tod eines Kindes, gleich in welchem Alter, ist immer eine Art Sündenfall gegen die Weltordnung. Als ich von der Schriftstellerin Dagmar von Gersdorff die Biografie der Ottilie von Goethe las, stieß ich fassungslos auf die fast plasphemischen Zeilen der leidenschaftlichen Schwiegertochter des Dichters. Ihre Tochter Alma war in Wien überraschend mit 16 Jahren an Typhus gestorben. Ottilie schrieb die blutigen Zeilen in ihr Tagebuch: »Einen Augenblick gibt es, in dem Tod nicht allwissend ist – wenn er einer Mutter ihr Kind nimmt, denn kennte er den Schmerz –, er würde ihn keiner Seele zu tragen geben.«

Behält die Liebe nicht doch das letzte Wort? Kornelia verlor zwei Tage vor Weihnachten 1982 ihre beiden Zwillinge, ein Junge und ein Mädchen, im Alter von zwei Jahren und elf Monaten bei einem Brand in ihrem Haus. Kann man so etwas überleben? Kornelia: »Es war das Schlimmste, was mir jemals in meinen 69 Lebensjahren widerfahren ist. Es war so, als ob die Zeit plötzlich stehengeblieben wäre. Die beiden Kinder waren damals das Liebste, was ich hatte.«

Kornelia nahm das Lachen, die Bilder und die Erinnerungen an die sonnigen Zwillinge mit. Sie lernte später in einer intensiven und chaotischen Liebesbeziehung einen Mann kennen, der alkoholkrank war und bei einem Fahrradunfall starb. Von ihm empfing sie 1985 eine Tochter, von ihrem heutigen Ehemann einen gemeinsamen Sohn.

Kornelia ist nicht zynisch und nicht verbittert geworden. Ihr Fazit ist ebenso erstaunlich wie Mut machend: »Die Trauererfahrung hat meinem Leben eine neue Richtung gegeben. Ich bin gewachsen. Heute fühle ich mich vom Leben reich beschenkt. Ich durfte fast drei Jahre die Mutter von zwei wundervollen Kindern sein, habe zwei erwachsene Kinder, an denen ich mich erfreue und inzwischen auch noch drei tolle Enkel. Ich weiß, wie kostbar und vergänglich alles Leben ist.«

Unschuld ist das Kind
und Vergessen,
ein Neubeginn, ein Spiel,
ein aus sich rollendes Rad,
eine erste Bewegung,
ein heiliges Jasagen.

Friedrich Nitzsche,
Also sprach Zarathustra

Glaube, Liebe, Hoffnung

Selbst in größter Bedrängnis blühen plötzlich Augenblicke des Behagens, der Liebe, des Rauschs und der Tat. Ein Baum wird vom Feuer verkohlt – und aus einem Seitenarm sprießt schon nach einem Jahr wieder kräftiges Grün.

Irmtraud Tarr
Was rettet. Mit Verlusten leben.
(2021)

In der Trauerarbeit für verwaister Mütter und Väter gilt der Satz: »Wenn Eltern sterben, stirbt die Vergangenheit, wenn der Partner stirbt, stirbt die Gegenwart, wenn ein Kind stirbt, stirbt die Zukunft.« Dieses letzte Rätsel, warum ein unschuldiges Kind unseren Planeten verlassen musste, lösen wir wohl nie. Aber gilt nicht auch, in religiöser wie in weltlicher Form, die paulinische Trinität von Glaube, Liebe, Hoffnung?

Geben nicht die Religion, die heute weitgehend an ihre Stelle getretene Spiritualität und der weltliche Humanismus aus unterschiedlicher Sicht Antworten? Vertrauen nicht Millionen Gläubige den Worten des von den Nazis 1945 ermordeten Widerstandskämpfers und Theologen Dietrich Bonhoeffer: »Von guten Mächten wunderbar geborgen,/erwarten wir getrost, was kommen mag./Gott ist bei uns am Abend und am Morgen,/und ganz gewiss an jedem neuen Tag.«

Barbara, eine über achtzig Jahre weise Ärztin, trauert noch heute über ihren ersten Mann Dieter, den Vater ihrer drei Kinder. Auf ihn folgte ein ganz schlimmer Partner, dessen Tod eine Erlösung für sie bedeutete. Der dritte Mann war 16 Jahre älter und gebunden. Was sagt Barbara heute: »Mit Dieters Tod habe ich begriffen, dass die 23 Jahre mit ihm und den Kindern die wichtigsten und schönsten Jahre meines Lebens waren. Von ihm nehme ich mit: Geduld, Toleranz, Humor und die Fähigkeit zur Vergebung. Letzteres war sein größtes Geschenk an mich, für das ich ihm über den Tod hinaus unendlich dankbar bin, denn ich, eine Pastorentochter (unerfahren, unwissend) habe mir einige Eskapaden geleistet und mich nach 23 Jahren von Dieter scheiden lassen. Das allerdings habe ich sehr bereut.«

Barbara: »Du fragst, ob ich heute glücklich

bin. Nein, das bin ich nicht! Aber ich bin dankbar für ein reiches, langes Leben, für drei Kinder und zwei Enkelkinder und für mehrere tolle Freundinnen – auch junge! Ich trauere um Dieter, und ich beneide ihn um seinen Frieden. Hilfe ist mir mein christlicher Glaube, der Dieter und mich bis zuletzt verbunden hat. Wir haben uns auch nach der Scheidung immer geachtet und respektiert. Dieter war kirchlich sehr engagiert und hat immer im Kirchenchor gesungen.«

Grenzenlosen Schmerz und den Glauben an ein Wiedersehen empfindet Rosemarie. Fast fünfzig Jahre war sie mit Jörg, einem tüchtigen Elektromeister, zusammen. Sie schenkten sich eine Tochter und einen Sohn und freuten sich über zwei Enkel. Rosemarie: »2014 kam der Krebs. Jörg hatte etliche Operationen, zuerst Schilddrüse, Kleinhirn, Stimmbandnerv und medizinische Eingriffe. Metastasen saßen im Kopf. Er hatte sein Kurzzeitgedächtnis verloren. Für ihn war es nicht schlimm, sagte er, denn ich würde für ihn schon alles richtig entscheiden. Im Juni 2021, nach der letzten Metastase im Kopf, kam der Oberarzt der Uni und sagte meinem Mann, dass er seinen 70. Geburtstag noch feiern könnte, Weihnachten würde er nicht mehr erleben. Wir waren in einem Schockzustand. Ich hatte Jörg überall begleitet, bis Corona kam, dann durfte ich nicht mehr ins Krankenhaus.« Doch die letzten Tage war es Rosemarie, Tochter und Sohn erlaubt, die Stunden liebevoll bei ihm zu verbringen. Sein Tod erleichterte sie, denn er hatte keine Schmerzen mehr. Bei Jörgs Beerdigung ließen sie Bonhoeffers »Von guten Mächten« und von Reinhard Mey »Zeit zu Leben« spielen. Rosemarie bewunderte Jörgs Tapferkeit zu Lebzeiten. Er jammerte nicht. Sie weiß aber auch: »Er wird nicht mehr kommen. Ich kann es nicht begreifen. Es tut alles so unendlich weh. Ich suche überall Vertrautes und Geborgenheit.« Aber an einem hält Rosemarie fest: »Wir können die Zeit nicht mehr zurückdrehen, nur auf ein Wiedersehen hoffen in der anderen Welt.«

An ein Wiedersehen in einer anderen Welt vermag nicht jeder zu glauben und Trost zu schöpfen. Aber gibt es nicht noch andere moralische und seelische Stützen? Jens, ein philosophischer und poetischer Kopf, kommentiert zur Trauer: »Wie trauen wir uns weiter zu gehen? Ist es ein Einsehen, dass es mehrere Perspektiven gibt? Jetzt doch die Erinnerung zu verstärken und ein gemeinsam Erlebtes abermals durchzuspüren – zu weinen und zu lachen, wie dies und das gewesen ist. Nochmals miteinander zu sein. Eben aus einer anderen Perspektive. Einer neuen. Ist es das, zu akzeptieren, dass die Realität eine andere ist. Wie wir das drehen und wenden, da ist etwas zu Ende. Da hat etwas gestoppt. Hat sich aus dem Leben auf ewig verabschiedet. Besteht auch das Leben weitgehend aus Erinnerungen?«

Siegfried schrieb mir zum Tod meiner Frau Ilse, die er kannte und schätzte, dass ihm anstelle der dogmatischen Religion eine weit gespannte Spiritualität trägt: »Wir glauben an die Poesie der Welt, an ihre Schönheit und Heiligkeit. Wir wissen, dass alle Religionen und Heiligen Schriften von Menschen gemacht wurden und nicht von Göttern, und dass Religionen viel zu oft als Herrschaftsinstrument missbraucht werden. Ich glaube nicht, dass man die Religionen in ein Dogmengefängnis einsperren und den Menschen ihr eigenes freies Denken und Fühlen verbieten muss.« Und: »Wir glauben, dass unsere wunderbare Welt die größte Selbstoffenbarung einer unergründlichen Schöpfermacht ist. Sie ist auch bestimmt nicht das Ergebnis blinder Zufälle. Man muss die Welt und alle ihre Geschöpfe lieben und schützen. Man darf sich an ihr freuen. Überall in der Welt schimmert das Geheimnis dieser Schöpfungsmacht durch. Man kann dieses Geheimnis nicht aufklären, aber ahnen und spüren kann man es und poetisch beschreiben, und man soll dankbar mithelfen, dass sich Liebe, Vertrauen und Güte in der Welt ausbreiten.«

Das ist eine Sicht, wie sie der Philosoph Baruch de Spinoza (1632–1677) in seinem Werk »Deus sive Natura«, »Gott oder die Natur« entwickelte. Bei ihm gewinnt der auf seine Vernunft pochende neuzeitliche Mensch Selbstkompetenz. Er wird zum Architekten seines Schicksals. Während der mittelalterliche Mensch seinen vorbestimmten Ort in Rahmen der göttlichen Vorsehung und in einem geschlossenen religiösen Weltbild erdrückender geistiger Zwänge hatte, tritt der Mensch mit Spinoza in seine Mündigkeit. Er unternimmt es, seinem Dasein selbst Sinn und Richtung zu geben. Es beginnt der Siegeslauf des Individuums. Seine Freiheit schließt allerdings auch ein, an dieser Selbsterschaffung zu scheitern und seinen Lebensentwurf zu verfehlen. Goethe folgte Spinozas Pantheismus. Die Welt selbst ist göttlich beseelt.

Mir selbst geben seit meiner Studienzeit die philosophische Reflexion und Demut inneren Halt. »Wer Religion hat, braucht keine Philosophie«, bemerkte der Denker Arthur Schopenhauer (1788–1860), »wer Philosophie hat, braucht keine Religion«. Das Eine begründet sich im Glauben, das Andere in der Vernunft. Schon ein anonymer, gebildeter Römer hinterließ eine Grabinschrift mit den Worten: »Non fui – fui –, non sum – non curo«, »bin nicht gewesen, bin gewesen, bin nicht mehr, keine Sorge«. Da ist keine Jenseitigkeit mehr. Der jüdische Soziologe Norbert Elias (1897–1990), dessen Frau die Nazis ermordeten, drückt seinen weltlichen Humanismus mit Klarheit aus: »Der Tod birgt kein Geheimnis. Er ist das Ende eines Menschen. Was von ihm überlebt, ist das, was er auch anderen Menschen gegeben hat, was in ihrer Erinnerung bleibt.«

Seiner Meinung schließt sich die große Kriminalschriftstellerin Patricia Highsmith (1921–1995) in einem Gedicht von illusionsloser Schönheit an:

Bäume

In der Morgenfrühe,
Stunden nach meinem Tod,
Wird um sieben die Sonne,
wie an jedem Tag,
Über den Bäumen erscheinen,
die ich so gut kenne.
Grün werden sie aufleuchten,
und die dunkelgrünen Schatten weichen
der mitleidlos-sanften gefühllosen Sonne.
Gefühllos stehen die Bäume in meinem –
Meinem Garten.
Ruhig und tränenlos am Tag meines
Todes.
Wie immer harren sie mit durstigen
Wurzeln,
Stehen gelassen im windstillen Morgen,
Blind, schweigend, ungerührt –
Die Bäume, die ich kannte
Und aufwachsen sah und liebte.

Ob Christen, Juden, Moslems mit ihrem Himmel, Buddhisten mit ihrer Sehnsucht nach Auflösung im Nirwana oder Atheisten – lassen wir das Gezänke um die absolute Wahrheit. Richten wir uns lieber nach den geistigen Navigationsgeräten Glaube, Liebe, Hoffnung. Suchen wir die Tiefe in uns. Mein therapeutischer Kollege Hassan El Khomri, Psychologischer Psychotherapeut im Dr.-Max-Otto-Bruker-Haus, zitiert (in »Der Gesundheitsberater« 2021/10) seine Klientin Gudrun (Name geändert), 60 Jahre alt, so: »Ich wurde als Kind über Jahre von meinem Vater sexuell missbraucht. Vor zwei Jahren habe ich meinen Stiefvater verloren, der mein Engel und meine Rettung war. Kurz danach habe ich meine Mutter verloren und sechs Monate später bekam ich selbst die Diagnose Brustkrebs. Ich glaube nicht, dass es einen Gott gibt, wie die Religion uns zu vermitteln versucht. Nachdem ich mich mit den meditativen Traditionen beschäftigt habe (christliche und buddhistische), habe ich einigermaßen meinen inneren Frieden gefunden. Ich habe gelernt, mein seelisches Schicksal in die Hand zu nehmen, und dass noch mehr in mir als nur Schmerz und Leid ist. Ich fühle mich frei und mit allen Lebewesen in dieser Erde verbunden. Dies spüre ich tagtäglich. Für mich gibt es keinen Himmel und kein Paradies. Mein Paradies kann nur in mir existieren.«

Der tapfere Christ Dietrich Bonhoeffer glaubt: »Von guten Mächten wunderbar geborgen …« Der Existenzphilosoph Martin Heidegger konstatiert: »Da-sein heißt Hineingehaltensein in das Nichts.« Diese geistige Spannweite dürfen wir aushalten.

Die entscheidende Frage ist heute nicht, »Bist du gläubig oder Atheist«. Die Frage ist vielmehr: »Setzt du dich ein für Menschenrechte, gegen Krieg, die Selbstbestimmung von Schwulen, Lesben, Diversen, für sozialen Frieden, Bewahren unseres schönen blauen Planeten und gleiche Entwicklungschancen der Menschen aller Schichten und Hautfarben? Bemühst du dich, gut zu sein?«

Eines ist sicher: Der Tod eines geliebten Menschen trifft uns wie ein Blitzschlag. Ich finde Trost in dem Gedicht des Schriftstellers und evangelischen Pastors Albrecht Goes »Über eine Todesnachricht«:

Fühlt es das Weltherz denn nicht,
Wenn so viel Lebenskraft stirbt?
Wiegt ihm ein Leben so leicht,
Weiß es so eilig Ersatz?
Wir, ach, wissen ihn nicht

Und hießen wohl unersetzlich,
Was unsrem Herzen entreißt
Der großmächtige Tod.
Wege, ihr oftmals begangnen,
Wie endet ihr plötzlich im Dickicht!
Stimme, du zwiesprachvertraute,
Einsame, fürchtest du dich?

Sie freilich, die er uns nahm,
Der geheime Verwandler,
Schweigen sie dunkelen Schlaf,
Lauschen sie fernem Gesang?
Oder wärs, dass sie wirklich,
Leicht nur ans Gitter gelehnt,
Nachbar noch hießen und Freund
Jeglichem Lassen und Tun?
Wärs, dass wir rufen, und sie
Kommen, die selig Befreiten,
Wärs – und sie blieben für immer
Liebend auf unserer Bahn?

Ja, ich empfinde Ilse liebend auf meiner Bahn. Und Du, liebe Leserin, lieber Leser, ist Dir der Unvergessliche, die Geliebte, weiterhin eine geistige Begleiterin?

Was lernte ich?

Mütterliche Güte –
ein uferloses Meer,
unendliche Tiefe.

*

Eines Vaters Segen kann
Nicht in Wasser ertränkt,
Noch im Feuer verbrannt werden.

Russische Sprichwörter

Der Tod ist ein großer Lehrmeister. Wie fragen uns, hat die oder der Verstorbene das Leben erfüllt? War es glücklich? Hätte es besser sein können? Was lernen wir daraus? Besonders die Beziehung zu Lebzeiten stellt ein lebenslanges Lernen dar, eine »learning community«.

Die Gemeinschaft der Liebenden ist die Suchgemeinschaft der Moderne. Denn das Leben ist längst zur Baustelle geworden, der Mensch zur Bastelexistenz. Wir sind wie nie zuvor die Architekten unserer Beziehung. Der Plan entsteht beim Bauen. Wir müssen ihn fortlaufend ändern. Aus religiöser, gesellschaftlicher Standesmoral wurde sie längst eine Konsensmoral. Das Wort »Konsens« stammt vom lateinischen »consentiere«, das heißt wörtlich »miteinander empfinden«. Erlaubt ist, was dem Paar gefällt, worüber sich zwei Liebende einigen. Der Affekt der Liebe geht aus sich heraus. Er macht uns weit, statt uns zu verengen. Die Arbeit der Liebe fordert uns auf, uns ins Werdende tätig hineinzuwerfen. Sie hilft uns, dem Engherzigen und Feindseligen in uns Abschied zu sagen. Sie befähigt uns mitzuhelfen, eine menschliche Welt zu errichten.

So empfindet auch Hiltrud, von der wir schon hörten. Sie und ihr Liebster lebten 45 durchaus glückliche Ehejahre zusammen. Der Tod 2016 war schrecklich. Hiltrud: »Diesen Schicksalsschlag habe ich bis heute nicht verkraftet.« Aber sie sagt auch: »Unsere Beziehung war von einzigartiger Harmonie geprägt. Jeder hatte sein spezielles Hobby. Das gemeinsame Hobby war das Tanzen. Mein Mann besaß alle Eigenschaften, die ich mir hätte erträumen können. Er war von herausragender Bescheidenheit und Ausgeglichenheit, überaus hilfsbereit, großzügig, humorvoll, sprach fünf Sprachen. Seinen großen Fleiß verband er mit äußerster Kreativität. Zu meiner großen Freude war er ein exzellenter Koch. Er war einfach genial, was auch in seinen handwerklichen Fähigkeiten sichtbar wurde, die er mit einem ausgeprägten Sinn für Ästhetik verband.«

Was Hiltrud lernte: »Ich fand bei ihm, wonach ich, aufgrund meiner Herkunft aus einer Familie, in der ich in jungen Jahren Hass und Gewalt erleben musste, mich immer gesehnt hatte: Liebe, Geborgenheit und Schutz. Mir ist klar, dass ich durch ihn erst der Mensch wurde, der ich heute bin.«

Martina fand bei ihrem zweiten Mann, der 2021 im gleichen April wie meine Frau starb, das Glück ihres Lebens. Er wurde 90 Jahre alt. Er wurde ihre große Liebe. Sie ist voller Dankbarkeit: »Wir gingen zärtlich und achtsam mit unserer Ehe um. Dass ich später meinem Mann eine Stütze im Alltag sein durfte, da ich um einiges jünger bin, hat mich dankbar gemacht. Er war immer für mich da, und ich für ihn. Dass mein Mann so friedlich in meinen Armen zuhause sein langes Leben aushauchen durfte, tröstet mich sehr. In den letzten Monaten bin ich viel in der Natur gewesen, mit unserem kleinen Rauhaardackel als treuem Begleiter. Hier fand meine Seele Ruhe. Auch wenn dann oft die Tränen kommen, spüre ich gleichzeitig eine große Nähe.«

Eine neue Liebe kann sich Martina nicht vorstellen, »zu groß war die Verbundenheit und Vertrautheit zwischen uns – in jeglicher Hinsicht.« Was sie vielleicht zulassen könnte, wäre eine herzliche, von Wohlwollen getragene Freundschaft. »Ob ich heute glücklich bin? Du sagtest im »Nachtcafé« bei Michael Steinbrecher, dass die Trauer sein muss, aber auch die Lebensfreude. Ich glaube, ich bin auf einem guten Weg. Mein Mann hätte auch gewollt, dass ich mir meine Lebensfreude erhalte. Ich bin gespannt, was das Leben für mich noch so bereit hält.« Da wünsche ich Dir alles erdenkbare Gute, liebe Martina.

Manchmal lernen wir, was nicht sein sollte. Hans-Jürgens Vater schuftete sein ganzes Leben. Er arbeitete jeden Tag zehn Stunden als Hilfsarbeiter in einer Kettenfabrik, am Samstag noch sechs Stunden und fällte zusätzlich in seinem Waldbestand noch Bäume, pflegte einen Obst- und Gemüsegarten: »Er ist nie, nicht ein einziges Mal in seinem Leben, in den Urlaub gefahren. Seinen Jahresurlaub hat er damit verbracht, im Wald Bäume zu fällen und zu verkaufen und damit seinen Hilfsarbeiterlohn aufzubessern. Das habe ich nach seinem erlösenden Tod mitgenommen: Es ist nicht der Sinn des Lebens, nur zu arbeiten, ohne sich einmal etwas Schönes zu gönnen. Zum Leben gehören auch Urlaubsreisen, Kino, Theater, Restaurantbesuche, Hobbys. Der Musiker und Sänger Udo Jürgens beschreibt diese Gefühle ganz wunderbar in seinem Lied ›Hast Du heute schon gelebt?‹.

Heute würde ich meinen Vater – er wäre jetzt 96 Jahre alt – ins Auto packen und in die Steiermark zu seinem Kriegskameraden fahren. Wenn es den Himmel gibt, werden sich die beiden ehemaligen Soldaten dort wiedertreffen. Das haben beide in ihrem irdischen Leben verpasst!« Dieser fleißige Mann wurde nur 56 Jahre alt. Er starb an einem »zwei Faust großen« Tumor. Hans-Jürgen ist dankbar, dass sie ihn noch, statt mit einer sinnlosen Chemotherapie zu quälen, nach Hause geholt haben. Dort verbrachte er noch schöne Monate.

Auch Michael, ein Geschäftsmann, jetzt im Ruhestand, hatte ein fundamentales Negativerlebnis. Seine Frau war schwer tablettensüchtig und geriet mehrfach mit der Justiz in Konflikt. Sie zog bei ihm aus und starb einsam: »Was ich von ihr mitgenommen habe? Die Erkenntnis, dass jedwede Form der Sucht eine Partnerschaft unweigerlich zerstört. Da kann die Liebe noch so groß sein. Als Partner gerät man unweigerlich in eine Co-Abhängigkeit. Wenn man das begreift und sich aus ihr befreit, geht die Partnerschaft unweigerlich zu Bruch. Das Vertrauensverhältnis zerbricht endgültig.« Er ist für eine neue Liebe wieder offen.

Die lernende Erinnerung zieht keinesfalls eine realistische Betrachtung aus. Die Ecken und Kanten eines Menschen gehören zu ihm. So empfindet es auch die erfolgreiche Ärztin Marianne in ihrer Totenrede zum Tod der vor kurzer Zeit gestorbenen Mutter. Sie beschreibt sie so: »Geboren in sehr schwierigen Zeiten, Mangel, Krieg, wenig familiäre Herzenswärme, ein Einzelkind, sperriger Charakter, schwierig im Umgang, eisern, bockig, stur, stand sich oftmals selbst im Weg. Sie konnte nicht anders. Sie hat es nie anders gelernt, hatte keine großen Bildungsmöglichkeiten, im Gegensatz zu uns. Sie konnte ein Feldwebel sein, streng und unnachgiebig, es war nicht immer leicht mit ihr:

Wir haben uns die Zähne an ihr stumpfgebissen.«

Aber: »Da war auch die herzensgute Seite an ihr, verlässlich, zupackend, hilfsbereit, vorurteilsfrei, nicht nachtragend, energisch und energievoll. Sie war eine 100-prozentige Hausfrau. Sie hat alles für ihre Familie und ihr Heim gegeben, uns immer bei unseren zahlreichen Umzügen geholfen, unterstützt großzügig mit nachhaltigen Geschenken, damit wir auch nach ihrem Tod an sie denken. Sie hat geputzt, geräumt, gespült, genäht, gemacht und getan und nie müde, immer ausdauernd. Feierabend war erst, wenn alles fertig war. Das haben wir von ihr gelernt.«

Vor allem aber: »Sie war unserem Vater eine treue Gefährtin, siebzig Jahre zusammen, kein Zweifel, kein Zaudern, keine Untreue. Sie hat sein Bürgermeisteramt mitbegleitet und getragen, ihn immer unterstützt. Sie waren beide gerne in Gesellschaft, viele Veranstaltungen rund ums Dorf, Feste, Ausflüge. Sie betrieb Makramee, Lederstanzen, Bauernmalen, Basteln für die Basare, Pflanzen der Blumenkästen an den Brücken. Sie hat Kostüme für die Tanzgruppen mitgenäht und stand sogar mehrfach selbst in der Bütt. Sie hat geschafft, gemengt, gekocht, und einmal flogen ihr die heißen Pellkartoffeln zum Heringsessen ins Dekolleté. Sie engagierte sich bei den jahrelangen Altennachmittagen. Sie war sehr beliebt. Das war gelebte Nächstenliebe. Sie hat es uns leicht gemacht. Sie hat losgelassen. Wir konnten sie lassen. Danke, dass es Dich für uns gab.«

Daniela hat arg gelitten, als ihre Mutter mit 73 in einem überraschend schnellen Krankheitsverlauf starb. Sie ließ noch den Priester rufen. Daniela: »Der Pfarrer war wundervoll. Er hat mit Mama gebetet, gesungen und ihr die Krankensalbung gegeben. Wir alle haben so viele Tränen vergossen. Es war sehr berührend schön, aber auch so traurig. Mama war so entspannt, friedlich und zart. Als der Pfarrer sich verabschiedet und ihr eine gute Reise gewünscht hat, sagte sie zu ihm: ›Ich glaube, jetzt fällt es mir leicht.‹ Das war Mittwoch; am 2. Adventssonntag ist sie dann mittags ganz friedlich eingeschlafen. Mein Papa war bei ihr und hat ihre Hand gehalten.

Ich bin so dankbar für diese intensive Zeit, die ich mit Mama haben durfte, stundenlang bei ihr am Bett zu sitzen und ihre Hand zu halten.

Sie hat nur noch reine Liebe ausgestrahlt. Sie war so geduldig und hat uns allen gezeigt, was es heißt, in Würde zu sterben.« Die Mama brachte Daniela alles bei, was eine tüchtige Hausfrau einer klugen Tochter und späteren Restaurantbetreiberin an der schönen Mosel beibringen kann.

Eine quicklebendige und gläubige Frau zu sein, das lernte Lilly, die heute im Piemont mutig einen erlesenen Weinbetrieb aufbaut. Sie schreibt über ihre Mutter Nina: »Für mich ist meine Mutter, geboren 1932, eine der inspirierendsten und weisesten Frauen, denen ich in meinem Leben begegnet bin. Ich bin so unsagbar dankbar, dass sie meine Mutter war. Für mich war sie die Beste. Ich brauchte genau sie, um das zu werden, was ich heute bin.«

Dabei hatte die Mutter kriegsbedingt keine guten Bildungschancen. Lilly: »Das Leben hat sie geformt. Außerdem war sie lebenslustig, liebte das Leben, ihre Kinder und Enkelkinder über alle Maßen, und für diese hat sie alles getan, was in ihrer Macht war. Sie hat sich nicht unterkriegen lassen durch Schicksalsschläge wie den Krieg, den viel zu früh verstorbenen Mann, Vater ihrer drei Kinder, finanziellen Ruin. Sie stand immer wieder auf. Ich vermisse ihre Gutmütigkeit und Lebenslust, einfach sie als Mensch, Begleiter, Ratgeber und immenser Liebesspender. Sie hat eine große Lücke in meinem Leben hinterlassen. Bei diesen Zeilen wird es mir auch wieder bewusst, dass auch Zeit keine Wunden heilt und ein Mensch nicht ersetzt werden kann.«

So eine Mutter – oder ein wundervoller Vater – ist eine prägende Matrix. Lilly ist ein schöpferisches und quicklebendiges Abbild ihrer Mutter, fast schon tänzerisch. Der Tod beflügelt sie: »Das heißt nicht, dass ich traurig durchs Leben gehe, ganz im Gegenteil. Es zeigt mir auch meine Endlichkeit, und dass ich die Zeit hier auf Erden genießen soll, solange ich das noch kann. Mit nun selber 52 Jahren schätze ich jeden Tag. Ich werde gutmütiger und muss nicht immer Recht haben. Die Zeit zum Streiten ist zu kostbar geworden für mich. Mutters Weisheiten möchte ich weitergeben an meine Tochter.

Vor allen Dingen hat mir Mutter gezeigt, nicht aufzugeben, egal wie schwer es gerade ist. Ihr Satz kurz vor ihrem Ableben, ›ich sollte doch öfter in der Bibel lesen‹, hat mein Leben radikal verändert. Ich tat dies und schlug ihre Bibel auf, in der sie jeden Abend las. Ich las genau den Spruch, der mein Leben widerspiegelte, (Sprüche 17:1): ›Lieber ein Stück trockenes Brot im Frieden als ein Haus voller Festlichkeiten im Streit.‹«

Lilly legte die Bibel wieder zur Seite, aber sie vergaß sie nicht: »Ich krempelte mein Leben um, habe mich scheiden lassen und machte mich im Weinbau selbständig. Das war für mich die einzige Möglichkeit, vor fünf Jahren von vorne anzufangen. Es waren sehr schwere Jahre, aber ich bin glücklich, diesen Weg gegangen zu sein. Ohne die Kraft und den Mut, den meine Mutter mir vorgelebt hatte, hätte ich es wohl nie gewagt. Ich habe ihren Rat befolgt und lese auch heute noch in ihrer Bibel. Sie gibt mir Rat, so wie es meine Mutter getan hat.«

Ich darf es sicher verraten: Die kluge und schöne Lilly hat die Liebe ihres Lebens gefunden.

Wie schrieb Goethe an seine Geliebte Charlotte von Stein:

Woher sind wir geboren?
Aus Lieb.
Wie wären wir verloren?
Ohn Lieb.
Was hilft uns überwinden?
Die Lieb.
Kann man auch Liebe finden?
Durch Lieb.
Was lässt nicht lange weinen?
Die Lieb.
Was soll uns stets vereinen?
Die Lieb.

Was hilft mir

Wenn wir aber schließlich zu der Gewissheit kommen, dass wir sterben müssen und alle anderen fühlenden Wesen ebenso, entsteht in uns ein glühendes, fast herzzerreißendes Gefühl für die Zerbrechlichkeit und Kostbarkeit jedes Augenblicks und jedes Lebewesens, und daraus kann sich ein tiefes, klares, grenzenloses Mitgefühl für alle Lebewesen entwickeln.

Sogyal Rinpoche
Das tibetische Buch vom Leben
und vom Sterben

Es gibt so vieles, was einem hilft, die Trauer auszuhalten, sie zu formen und ihr auf die Dauer einen angemessenen Platz einzuräumen. Da sind zuerst die Regularien der Beisetzung. Ich staune immer wieder, wie viel Rührendes sich Frauen, Männer und Kinder dazu einfallen lassen. Als unser Chef und großer Freund Dr. Max Otto Bruker im 92. Lebensjahr friedlich starb, behielten wir seinen Leib noch zwei Tage bei uns. Er lag so friedlich da. Wir haben ihm seine geliebten Symphonien von Mozart vorgespielt. Ich rezitierte ihm Hermann Hesses grandioses Gedicht der Vergänglichkeit »Stufen«. Ilse und ich saßen an seinem Bett. Wir weinten und lachten.

Bevor Dr. Bruker seine letzte Reise zu seiner toten Frau im ostwestfälischen Heimatort Lemgo antrat, legten ihm Dr. Jürgen Birmanns, sein ärztlicher Nachfolger, Ilse und ich jeder einen Brief in den Sarg. Wir gelobten ihm, sein großes Werk nach besten Kräften fortzusetzen. Die Beerdigung war schön: Unser evangelischer Theologe Dietmar Hahn, der in unserem Gesundheitszentrum Rhetorikkurse gab und Dr. Bruker schätzte, sprach gescheit. Das Blumenmeer war überwältigend. Mit dem Einlass in die Friedhofskapelle in Lemgo, eine Dreiviertelstunde vor Beginn, haben wir Brahms Requiem, das der Senior liebte, vom Band gespielt. Mit der gesamten Belegschaft und dem laufenden Examenskurs, rund 50 Menschen, waren wir nach Lemgo gefahren, Verpflegung an Bord. Wir hörten auf dem Rückweg eine der witzigsten Kassetten Brukers. Kurz, es hat gut getan und war ein nobler Abschluss. Nach der Rückkehr gab es ein Abendessen mit immer noch rund 40 Menschen im Speisesaal. Dr. med. Rudolf Reier, südtiroler Sprengelarzt, war 76 und Brukers Freund. Er hielt in der liebevollen Art seines Menschenschlags noch einen kleinen fröhlichen Nekrolog. Wie gerne denke ich an diese Stunden zurück. Sie trockneten unsere Tränen.

Wie wichtig sind in dieser Situation auch liebende Geschwister. Albert, Christoph und Maria Theresia sind bis heute wach und voller Verwöhnung mir gegenüber. Zwei Ärzte, eine Diplompsychologin. Das ist schon eine starke Hilfstruppe. In dieser Situation spürt man plötzlich mit ungeahnter Intensität, was für Freunde man in ihnen hat. Wie sie einem beistehen und mit einem großmütigen Herzen lieben! Euch kann ich gar nicht genug danken.

Ich wenigstens war und bin in dieser Leidenssituation nach Umarmungen geradezu süchtig. Das bestätigt mir auch Daniela, von deren Trauer um ihre fabelhafte Mutter wir weiter oben hörten. Sie registriert viele Trauerhilfen: »An allerster Stelle ist das Michael, mein Mann. Er ist immer an meiner Seite. Er hat mich aufgefangen und einfach nur gehalten. Auch wenn ich abends im Bett liege, die Traurigkeit kommt, und ich weine, kuschelt er sich zu mir und legt seine Arme um mich. Dann fühle ich mich geborgen und kann einschlafen. Weinen tut gut. Ich merke, es löst sich etwas und kommt in Bewegung. Auch lange Spaziergänge durch den Wald oder der Kontakt mit der Natur helfen mir bei der Trauerarbeit. Heilsam empfinde ich es, über meine Gefühle zu sprechen und liebe Menschen in den Arm zu nehmen. Ich merke auch hier beim Schreiben, dass es sehr gut tut. Es sind schon wieder viele Tränen geflossen. Ich bin dankbar, dass ich eine so tolle Mama hatte. Ich werde sie für immer ganz liebevoll in meinem Herzen tragen.«

Kinder spüren instinktiv, was ihnen gut tut. Stefanie erinnert sich: »Mein Vater ist kurz nach meinem siebten Geburtstag plötzlich gestorben. Ich hatte damals ziemlich Probleme, da ich meine Mama nicht mehr gehen lassen wollte. Deshalb habe ich dann meinen Hund Felix bekommen. Mein Hund war dann immer für mich da. Das hat mir viel geholfen. Dafür bin ich bis heute dankbar. Zwei Jahre später habe ich mit dem Reiten beginnen dürfen. Seitdem sind zusätzlich, neben den Hunden, noch die Pferde meine treuen Begleiter. Ich bin mir sicher, dass Tiere ganz wunderbare Therapeuten sind. Auch fast

42 Jahre danach tut es manchmal unfassbar weh! Nicht die Zeit heilt alle Wunden, sondern man lernt mit den Jahren, eher mit dem Schmerz besser umzugehen.«

Franz hat sich nach dem Tod des geliebten Menschen eine »Auszeit« in Form des Jakobwegs gegönnt: »Mir hat diese Auszeit sehr geholfen auf dem Weg zu einem Neuanfang. Wer glaubt, diesen Neuanfang nicht alleine schaffen zu können, sollte sich jedenfalls nicht scheuen, dafür therapeutische Hilfe in Anspruch zu nehmen. Für mich war der Jakobsweg der Therapeut.« Was hat ihm geholfen: »Das sich Bewegen an der frischen Luft in der Natur. Der Abstand zum Alltag, die Langsamkeit auf dem Weg, die körperliche Anstrengung, die Einfachheit und Reduktion auf das Wesentliche. Der gedankliche Austausch, die Gespräche mit dem Mitpilgern. So ist man mit vielen auf einer Wellenlänge und ›hat sich etwas zu sagen‹. Außerdem sind viele der Mitpilger in einer ähnlichen Situation des Neuanfangs oder einer Entscheidung für oder gegen etwas.« Wichtig war für Franz: »Die Erkenntnis, dass zum Leben kein großer Luxus notwendig, sondern dieser sogar eher hinderlich ist. Ein Ziel zu haben. Täglich ein Tagesziel und ein großes Ziel am Ende des Weges.«

Was habt Ihr Schreiber mir alles über Eure Hilfe geschrieben. Da ist die Musik, der Sport, die Meditation, das Yoga, das Tanzen, das Schwimmen, das Sprache lernen, die Besuche von Ballett, Kino, Theater, die Trauergruppe, neues soziales Engagement, Malen, Gärtnern, Lesen und so vieles mehr. Für mich sind heute noch ausgedehnte Leseabende ein enthusiastisches Erlebnis. Unter anderem habe ich Fjodor Dostojewskis »Die Brüder Karamasow« mit über 1200 Seiten zum zweiten Mal in meinem Leben gelesen. Ich war erschüttert und bereichert. Ich habe klassische Gedichte zu Leben und Tod auswendig gelernt. Die Zustimmung zum Tod finde ich etwa in Hermann Hesses Gedicht »Welkes Blatt«:

Jede Blüte will zur Frucht,
jeder Morgen Abend werden.
Ewiges ist nicht auf Erden
als der Wandel, als die Flucht.

Auch der schönste Sommer will
Einmal Herbst und Welke spüren.

Halte, Blatt, geduldig still,
wenn der Wind dich will entführen.

Spiel dein Spiel und wehr dich nicht,
lass‹ es still geschehen.
Lass‹ vom Winde, der dich bricht,
dich nach Hause wehen.

Zur Heiligkeit des Lebens gehört die Heiligkeit des Todes.

Schreiben zählt wohl zu den stärksten Formen der Eigentherapie. Ilona begann nach dem Tod des geliebten Ehemanns Klaus ihr Tagebuch »Mein Leben ohne Dich«. Es half ihr, wie sie erkennt, »langsam wieder aus der lähmenden Passivität herauszukommen.« Sie berichtet über die Begegnung im Hospizkreis vor Ort und das Erstgespräch im »Trauercafé«: »Dort, in einem geschützten Raum, unter Anleitung von zwei ausgebildeten Trauerbegleiterinnen im Austausch mit Gleichgesinnten zu sein, war so wohltuend und hilfreich für mich, dass ich fortan regelmäßig teilnahm.« Eine Beratung bei dem Psychotherapeuten Hassan El Khomri, dem Arzt Dr. Birmanns und das Erleben einer Lebensfreude-Meditation bei mir im Bruker-

Haus belebten Ilona. In einem Workshop fertigte Ilona eine Betonskulptur an, in Anlehnung an eine Vorlage, die Klaus noch im Internet gefunden hatte. Sie trat einem Gospel-Chor bei, besuchte ein Achtsamkeitsseminar, unternahm die noch mit Klaus geplante Norwegen-Reise zu den Lofoten. Den ersten Weihnachtsabend ohne ihn verbrachte sie in Stille, allein zu Hause mit Lesen, Innehalten und ihrer Liebe nachzuspüren. Sie notiert: »Überhaupt kann ich sagen, dass dieser zweite Todestag nicht ganz so schmerzhaft war wie der im letzten Jahr. Ich spüre in mir mehr und mehr eine positive Energie und angenehme Kraft, wenn ich an Dich denke. Wir waren eben ein tolles Paar, sind es noch und werden es immer bleiben.«

Ilona nahm an einem Sterbebegleiter-Seminar teil, lernte eine neue Freundin kennen, begab sich auf den Jakobsweg, beendete mit 60 Jahren ihren Beruf, las mit hohem Gewinn »Das Café am Rande der Welt« von Strelecky. Sie schlug sich tapfer durch die düsterem Coronazeiten, arbeitete als werdende Trauerbegleiterin selbst im Trauercafé, lernte, öfter »Nein« zu sagen, überwand den Tod ihrer Mutter, schrieb deren Biografie und ist voller Dankbarkeit. Sie beschreibt ihren Gang »Vom Trauerweg zum Liebesweg« mit der Erkenntnis: »Wir haben uns so wunderbar ergänzt. Klaus, der Techniker mit handwerklichem Geschick, klarem Kopf und analytischem Sachverstand, sportlich, gradlinig, positiv denkend, und ich, die gewissenhafte Kauffrau mit Organisationstalent, der Beziehungsmensch mit Feingefühl, naturverbunden.« Klaus war ihr Förderer, ihr ganz persönlicher Coach: »Er hat sich ernsthaft für meine Interessen und Bedürfnisse interessiert. Er gab mir Raum zur persönlichen Entfaltung, unterstützte mich in allen meinen Vorgaben und Herzensangelegenheiten.«

Ilona gibt uns zwei wertvolle Hinweise: »›Trauern ist der Preis, den wir zahlen, wenn wir den Mut haben, andere zu lieben‹, heißt es am Anfang des Buches ›Unzertrenntlich‹ von Irvin und Marilyn Yalom, das ich letztes Jahr mit großer Wertschätzung und teilweise unter Tränen gelesen habe. Ich bin so froh, auch diesen Mut gehabt zu haben. Ich nehme die Trauer, die beiden Eheringe an meiner linken Hand als Teil meines Weiterlebens an, als meinen ganz persönlichen Liebesweg.«

Als Jüngster habe ich selbst meine außergewöhnliche Ärzte-Mutter rückhaltlos geliebt, auch wenn sie im Alltag wenig als »Mama« zur Verfügung stand und meine Brüder und mich auf ein Internat ins Ausland schickte. Deshalb rührt mich der Bericht von Johannes so an. Er hatte seine Mutter nur 30 Jahre seines Lebens. Johannes, ein Humanist und Menschenliebhaber, kümmert sich mit seinem Sozialverband hingebungsvoll im Fränkischen um die Belange von Schizophrenen und Depressiven. Das Loslassen seiner Mutter war, wie er berichtet, wohl der »bewegendste und intensivste Moment meines Lebens«. Alles ging blitzschnell: »Es vergingen von der Diagnosestellung Schilddrüsenkrebs bis zum Todestag zwei Monate. Vom Fallen ins Koma bis zum letzten Atemzug zwei Tage.« Sie starb im Großhaderner Klinikum in München: »Meine Mutter empfing mich mit einem unendlich offenen und großzügigen Lächeln. Es veranschaulichte unsere Nähe und Bindung zueinander. Am nächsten Morgen war sie nicht mehr ansprechbar. Und: »Meine Großmutter strich ihrer Tochter liebevoll über das Gesicht und die Wangen, kühlte ihren Kopf, rückte ihr Kissen zurecht, streichelte ihr durchs Haar und sagte immer wieder: ›Mein Mädel, was machst du denn für Sachen …‹«

Wie innig und befreiend waren diese letzten Stunden mit der großartigen Mutter! Johannes: »Nachdem meine Oma ging, wurde Mama ruhiger. Ich habe meiner Mutter immer wieder leise zugeflüstert, dass sie ganz alleine entscheidet und bestimmt, ob und wann sie gehen will. ›Papa und ich kommen klar!‹ war eine Botschaft von mir an sie .Wir wissen ja nicht allzu viel von der Erlebniswelt von Menschen, die im Koma liegen, von dem was sie fühlen oder verstehen. Allerdings antwortete mir meine Mutter stets, wenn ich ganz Spezielles zu ihr sagte. Sie antwortete mir mit einem leisen, atemaushauchenden, zustimmenden Ja. Den letzten Tag verbrachte ich komplett bei ihr. Eine Botschaft war mir die wichtigste: ›Mama ich liebe dich, und wir sehen uns wieder.‹«

So vieles hat dem gefühlsstarken Sohn geholfen: »Ich begann meiner Mutter sofort vom ersten Tag nach ihrem Tod, drei Monate lang, täglich einen kleinen Brief zu schreiben. Ich versicherte ihr weiterhin meine Liebe, die bis heute nicht endet, die nie enden wird. Nach drei Monaten schrieb ich ihr nicht mehr täglich und irgendwann gar nicht mehr. Irgendwann war es ok und gut so. Was mir zudem half, war ein See, die Akustik des Wassers und der Wellen, wenn sie sich bewegten. In solchen Momenten fühlte ich mich meiner Mutter ganz nah. Der See und seine Wogen erinnerten mich an Wandlung, Veränderung und Lebendigkeit.«

Am Baum, an dem seine Mama begraben wurde, sprach Johannes oft mit ihr. Er trägt ein betörend schönes Bild in seinem empfindsamen Herzen: »Wenn ich in die Zukunft blicke, sehe ich mich auf einer großen, weiten Wiese ihr entgegenlaufen. Als wir schließlich vor uns stehen, müssen wir beide weinen. Wir nehmen uns daraufhin kraftvoll und voller Freude in den Arm.«

Was hat Johannes alles von dieser einzigartigen Mutter gelernt: »Mut, Mitgefühl, Hilfsbereitschaft, Menschenliebe, ein großes Herz für andere zu haben. Sie hat mir vorgelebt, wie man Freundschaften pflegt und Gastfreundschaft lebt.« Johannes muss auch etwas lernen, was seine Mutter vernachlässigte: »Bei allem Helfen ist es wichtig, gut für sich selbst zu sorgen und für sich selbst da zu sein. Dies ist seitdem ein stetiger Lernprozess für mich.«

Dieser außergewöhnliche Sohn schenkt uns eine, ich möchte fast sagen, heilige Weisheit: »Ich habe viel geweint, doch Tränen sind nichts

Schlechtes. Wenn jemand weint, ist das kein Krankheitszeichen, es ist ein Lebenszeichen, sogar ein sehr intensives. Nach einer Weile weinen, geht es einem in der Regel etwas besser. Deshalb sind für mich Tränen Perlen. Perlen des Lebens. Perlen, die meine Mutter und mich in Liebe verbinden.« Danke, lieber Johannes, nun weiß ich, dass ich meiner Ilse Schatzkisten voller Perlen schenke.

Was hat Susanne geholfen? Die kluge Professorin um die sechzig litt zunächst einmal wie alle entsetzlich: »Mein Mann und ich kannten uns insgesamt 30 Jahre. Wir sind durch viele unterschiedliche Lebens- und Beziehungsphasen miteinander gegangen. Vor 15 Monaten ist er an den Folgen einer Krebserkrankung zu Hause an meiner Seite verstorben. Es vergeht kein Tag, an dem ich nicht an ihn denke. Er war mir zur Heimat geworden. Genau die habe ich mit seinem Tod verloren. Was für ihn eine Erlösung von Krankheit und Leid war, war für mich zunächst eine Tragödie. Die Erkenntnis, dass die Endlichkeit nicht vor meiner Tür Halt macht. Der Schmerz, den geliebten Mann loszulassen und jäh auf mich selbst zurück geworfen zu werden.«

Was hat sie von ihm mitgenommen! Susanne: »Es fühlt sich an, als wäre mein Mann zu einer Stimme in mir geworden, die liebevoll und manchmal auch etwas energisch kommentiert, was ich so tue und was ich fühle. Es sind die letzten gesprochenen Worte, die bleiben und Zuversicht geben. Es ist die Liebe, die stärker ist als die körperliche Gegenwart eines Menschen und auch stärker als die Zeit.« Was hat ihr geholfen? Susanne: »Es hilft zu weinen und mit jeder Träne Akzeptanz zu üben. Zurückgeworfen auf mich selbst, habe ich mich zunächst auf mich, die Liebe zu mir und das intensive Wahrnehmen im Leben von Momenten konzentriert. Alles hat seine Zeit. Mit diesem Vertrauen lebe ich und bin mir sicher, mich der Liebe zuzuwenden und mich einem Mann öffnen zu können, wenn die Zeit dafür reif ist. Glück bleibt für mich ein großes Wort. Ich bin sehr dankbar und erfüllt und spüre viel Liebe in mir. Ist das Glück?«

Warum soll ein neues Glück nicht kommen? Viele von Euch Schreiberinnen und Schreibern haben mir über dieses Wunder berichtet. Eine davon ist Monika II. Ihr Mann starb mit 59 Jahren vor zwei Jahren an Krebs. Monika: »Wir haben drei Jahre Höhen und Tiefen mit dieser schrecklichen Erkrankungen erlebt. Diese Zeit war für uns die intensivste Zeit in unserer 32-jährigen Ehe. Ich war meinem Mann noch nie so nahe wie zu dieser Zeit. Ich habe ihn noch nie so sehr geliebt.« Sein Tod zu Hause war eine Erlösung. Doch vermisst ihn Monika sehr. Sie ist nach dem Tod ihres Mannes fast jeden Tag mit ein oder zwei Freundinnen im Wald gewalkt. Die Gespräche taten gut, die Bewegung an der frischen Luft sowieso. Außerdem: »Mein kleiner Enkel holte mich mit seiner Fröhlichkeit und Lebendigkeit aus so manchem tiefen Loch wieder heraus.« Monika hatte den Mut, allein für neun Tage auf einer ostfriesischen Insel Urlaub zu machen. Es ging ihr wie mir, wenn ich Ferientage allein in Ilses Haus am Lago Maggiore verbringe. Es sind kostbare Tage der Inventur und Reflexion.

Monika erinnert sich: »Die langen Wanderungen durch die Dünen am Strand taten gut. Mir gingen sehr viele schöne Erinnerungen mit meinem Mann durch den Kopf. Die schrecklichen Erlebnisse der Erkrankung schmerzten schon sehr und tun dies bis heute.« Aber: »Während der Krankheit und auch nach dem Tod habe ich viel über mich selbst gelernt. Ich weiß jetzt viel besser, was ich will und was ich nicht will. Dafür bin ich dankbar.« Und nun das Wunder: »Vor ein paar Monaten konnte ich mich auf eine neue Beziehung einlassen. Was mit einer Freundschaft begann, hat sich nun in eine zärtliche Liebesbeziehung verwandelt. Es hat eine Zeit gedauert, bis ich so eine Nähe zulassen konnte. Es ist ein Geschenk, nochmal eine neue Liebe erleben zu dürfen. Ich fühle mich auf einmal so lebendig und jung. Das Gefühl, wieder als Frau wahrgenommen zu werden, ist sehr schön. Ich bin voller Tatendrang und schmiede Pläne. Ich habe wieder angefangen, mein Wissen als Gesundheitsberaterin GGB in Form von Workshops weiterzugeben. Ich bin glücklich.«

»Was ist Glück?« hat sich Susanne gefragt. Vielleicht gibt Friedrich Nietzsche (1844–1900), der große Psychologe unter den Philosophen, den Versuch einer Antwort. In seinem Meisterwerk »Menschliches, Allzumenschliches« notiert er: »Dicht neben dem Wehe der Welt und oft auf seinem vulkanischen Boden hat der Mensch seine kleinen Gärten des Glücks angelegt.«

Ich lasse den Tod nicht über mich siegen

Der Mensch soll um der Güte und der Liebe Willen dem Tod keine Herrschaft einräumen über seine Gedanken.

Thomas Mann
(1875–1955)
Der Zauberberg

»Die Erde ist ein Wirt«, sagt ein persisches Sprichwort, »der seine Gäste umbringt«. Das ist der Skandal des Todes. Er ist der Anlass für die Entstehung der Religionen und der Philosophie. Seine grausame Unerbittlichkeit stürzt uns in Trauer. Wenn unsere Resilienz, unsere Widerstandskraft, geschwächt ist, dann fallen wir in die Depression. Sie hält uns, wie den Getreuen Heinrich im Märchen »Der Froschkönig«, mit drei eisernen Banden um die Brust gefangen.

So war es bei Heiner. Der 41-jährige Lehrer hatte vier Jahre zuvor seine Frau durch einen grauenhaften Verkehrsunfall verloren. Stefanie, im dritten Monat schwanger, war beim Joggen von einem Lastwagen am Straßenrand überrollt worden. Der LKW-Fahrer war betrunken. Stefanie starb noch an der Unfallstelle. Dem furchtbaren Geschehen war beim besten Willen kein Sinn abzugewinnen.

Heiner war untröstlich. Er war körperlich in einer schlechten Verfassung, weil er seine Ernährung vernachlässigte und sich fast nur von Tiefkühlpizza, Pommes frites und halben Hähnchen vom Stand ernährte und zu viel dem abendlichen Rotwein zusprach.

Psychosomatisch litt er unter einer chronischen reaktiven Depression. Diese milderte sich regelmäßig, wenn ihn die 10-jährigen Zwillingstöchter seiner Schwester besuchten. Heiner liebte sie und ließ sich von ihnen aufmuntern. Das erfüllte mich als Therapeut mit Hoffnung. Offensichtlich hatte er seine Bindungsfähigkeit nicht völlig eingebüßt. Sein Herz war nicht ganz versteinert, die Liebe erreichte ihn noch, wenn auch nur selten. Andererseits hatte er sich resigniert auf ein halbes Lehrdeputat setzen lassen. Er kam zu mir mit der Frage, ob er nicht überhaupt eine Frühpensionierung anstreben sollte.

»Seit dem Tod von Stefanie hat ja doch alles

keinen Sinn mehr«, meinte Heiner düster. Ich riet ihm energisch ab. Das wäre, so gab ich ihm zu bedenken, der Rückzug in die »Soziophobie«, die generalisierte Angst vor allen Menschen. Immerhin hielten ihn die Kontakte mit den Kollegen und Schülerinnen und Schüler noch in einer gewissen Lebendigkeit.

Die Therapie zog sich hin. Es war für Heiner schwer, mit der Sinnlosigkeit des Todes seiner strahlenden jungen Frau fertig zu werden. Erbittert zitierte er mir aus Rilkes Stundenbuch den flehentlichen Wunsch des Dichters:

Oh Herr gib jedem seinen eigenen Tod.
Das Sterben,
das aus jenem Leben geht,
darin er Liebe hatte, Sinn und Tod.

Im Laufe der Sitzungen, in denen Heiner das Bild der Verstorbenen liebevoll rekonstruierte und das Geschenk ihrer Liebe dankbar verinnerlichte, wurde uns beiden klar, dass ein unversiegbarer Rest von Schmerz für die Trauerarbeit lebensnotwendig ist. Ich schenkte Heiner ein kurzes, sechssätziges Gedicht des Lyrikers Friedrich Rückert (1788–1866), der selbst lange über den Tod zweier seiner Kinder trauerte. Es lautet: »Über alle Gräber«.

Über alle Gräber wächst zuletzt das Gras,
Alle Wunden heilen die Zeit,
ein Trost ist das,
wohl der Schlechteste, den man kann
erteilen;
armes Herz, Du willst nicht, dass die
Wunden heilen.
Etwas hast Du noch, solange es schmerz-
lich brennt;
das Verschmerzte nur ist tot und abge-
trennt.

Das Therapieziel kristallisierte sich heraus: Trauer – ja. Depression – nein. Hoffnungsvoll war auch, dass Ursula, eine kluge unverheiratete Kollegin von Heiner, ein liebendes Auge auf ihn geworfen hatte. Doch noch prallte sie bei Heiner wie an einer Mauer ab.

In der Therapie arbeiteten wir das bewegende Buch von Verena Kast »Trauern. Phasen und Chancen des psychischen Prozesses« durch. Das half Heiner in die »Phase des neuen Selbst- und Weltbezugs« (Kast) zu gelangen. Besonders beeindruckte ihn das hier abgedruckte skandinavische Märchen *Die Ehegattin*:

Ein Mann und eine Frau, die sich von Herzen lieben, vereinbaren, dass, wenn einer von ihnen stürbe, der andere nicht wieder heiraten werde. Die Frau stirbt. Tatsächlich verharrt der Mann einige Zeit in der Trauer. Dann lernt er eine andere Frau lieben. Er führt sie zur Trauung. Kurz vor der Kirche fällt ihm ein, dass er noch einmal mit seiner gestorbenen Frau Zwiesprache halten und sie um Verzeihung und ihr Verständnis bitten will. Als er die Verstorbene um Verzeihung bittet, öffnet sich das Grab, und die Frau ruft ihn zu sich. Sie fordert ihn auf, auf dem Sarg zu sitzen: »Trinkst du Wein?«, sagte die Frau im Grabe zu ihm. Und sie gab ihm einen Becher, und der Mann trank. Dann wollte er fortgehen. Aber sie bat: »Bleib noch hier und lass uns vertraulich plaudern!« Sie goss ihm einen zweiten Becher ein, und der Mann trank wieder. Dann stand er wieder auf und wollte gehen, aber wieder sagte sie: »Lass uns noch plaudern«. Und der Mann blieb und plauderte.

Zuhause hielten sie eine Andacht, weil sie glaubten, der Mann sei gestorben. Die Braut war-

tete und wartete und ging schließlich zu ihren Eltern zurück. Und die alte Ehefrau gab ihm den dritten Becher, und immer noch bat sie ihn zu bleiben. Endlich ließ sie ihn fort: »Geh nun hin!«, sagte sie. Da ging der Mann fort. Er kam zur Kirche, aber da war kein Pfarrer mehr, nicht mehr, und er selbst war grau wie ein alter Wiedehopf, weil er dreißig Jahre im Grabe gewesen war.

Heiner lernte am Ende das, was Verena Kast »die Kunst des abschiedlich Existierens« nennt. Kast: »Der Tod ragt immer ins Leben hinein. Ständig verlieren wir etwas, müssen wir loslassen, verzichten, uns voneinander trennen, etwas aufgeben ... Aber wir verlieren nicht nur, wir gewinnen auch.«

Heiner gesundete. Er lag nicht länger »im Grabe«. Er und Ursula fanden zusammen. Dabei bewahrte er Stefanie eine memorative Treue, frei nach Honoré de Balzac (1799–1850): »Man liebt zweimal: das erste Mal in der Wirklichkeit, das zweite Mal in der Erinnerung.«

Die Heilige Zeit

Es gibt kein Wachstum, das nicht ein Sterben enthält.

Hermann Hesse
Erinnerung an Hans
Gesammelte Werke 10, S. 204

In dem berühmten naturphilosophischen Romanfragment des jung verstorbenen Romantikers Novalis las ich als Germanistikstudent das merkwürdige Notat: »Einem gelang es – er hob den Schleier der Göttin zu Sais – aber was sah er? Er sah – Wunder des Wunders – sich selbst.« Ich begriff die rätselhafte Aussage nicht. Heute, Jahrzehnte später, beginne ich die psychologische Sensation dieses Textes zu begreifen. Er will sagen: In der äußersten Zuspitzung und dem grausamsten Konfliktpunkt unseres Lebens erhalten wir die Chance, uns selbst, die Welt in ihrer Zwiespältigkeit und die Neuaufstellung unserer Existenz zu begreifen. Noch nie habe ich so viel nachgedacht über mich, als in diesem ersten Trauerjahr. Die alten Gewissheiten an der

Seite einer geliebten Frau, verbunden durch das gemeinsame schöne berufliche Projekt, war und ist ein für allemal vorbei. Wer bin ich in meinem nackten Sosein? Wie gestalte ich den schmalen Rest meines Lebens? Wird der Gevatter Tod noch weitere Schneisen in meine geringer werdende Lebenslandschaft schneiden? Habe ich ein Recht auf Glück? Was macht mein Leben aus? Wofür will ich einmal gelebt haben? Habe ich meine Erdenzeit genutzt? So viele Fragen, aber auch so viele Antworten.

Ich las das großartige Buch der Psychotherapeutin und Konzertorganistin Irmtraud Tarr »Was rettet. Der Umgang mit Verlusten.« Kurz entschlossen interviewte ich diese bedeutende Psychologin. Sie nennt die Trauer eine »Heilige Zeit«. Was meinst du damit, fragte ich die Kollegin. Sie antwortete: »Der Tod kann einen besonderen Zugang zum Heiligen eröffnen. Gerade weil wir in der Trauer schärfer und klarer wahrnehmen und alle Poren des Körpers offen stehen. Insofern ist die Trauerzeit wirklich eine besondere, im ältesten Sinn des Wortes ›ausgesonderte‹ Zeit. Ein heiliger Kosmos von Rhythmen und Zeichen, weil ich sie dazu erklärt habe.« Irmtraud Tarr hat innerhalb weniger Monate ihren Mann, den weltweit bekannten Trompeter Ed Tarr, ihre Mutter und drei Freunde verloren. Es mag überraschen, was sie sagt: »Ich empfinde sogar, dass das Wunder des Lebens jetzt mehr an mich herangerückt ist, weil ich allein bin und dennoch im Geist der Liebe verbunden. So erahne ich dieses Wort vom ›All-Eins‹. Ich heilige diese Zeit, deswegen kommt sie mir auch als heilige Zeit entgegen. Ich erfahre, besondere Zeiten bilden uns, sie gestalten unsere Innerlichkeit, wenn wir sie nicht verdrängen, übergehen oder überlagern.«

So hat auch Hermann Hesse die Selbsttötung seines Bruders Hans nicht verurteilt, sondern es hat ihn verstärkt zur Erkenntnis der Zerbrechlichkeit des Geschöpfs Mensch geführt. In der Trauer, in der wir, mit der Mystikerin Hildegard von Bingen (1098 – 1179) zu sprechen, die Tränen als reinigenden »Augenregen« empfangen, also als ein Geschenk unseres Körpers, erleben wir die Einzigartigkeit und, wenn man so will, Erlesenheit unseres Leides. Der Arzt und Psychotherapeut Viktor E. Frankl (1905 – 1997) konstatiert als früherer KZ-Häftling in seinem denkwürdigen Bericht »Trotzdem Ja zum Leben sagen«: »Sofern nun das konkrete Schicksal dem

Menschen ein Leid auferlegt, wird er auch in diesem Leid eine Aufgabe, eine ganz einmalige Aufgabe, sehen müssen. Der Mensch muss sich auch dem Leid gegenüber zu dem Bewusstsein durchringen, dass er in diesem leidvollen Schicksal sozusagen im ganzen Kosmos einmalig und einzigartig dasteht. Niemand kann es ihm abnehmen, niemand kann an seiner Stelle dieses Leid durchleiden. Darin aber, wie er selbst, der von diesem Schicksal Betroffene, dieses Leid trägt, darin liegt auch die einmalige Möglichkeit zu einer einzigartigen Leistung.«

Die Einsamkeit ist eine der dramatischsten Zustände unseres Lebens. Einsamkeit, das wissen wir alle, kann schrecklich sein. Ich gerate seelisch aus der Fassung. Dauert der Zustand lange an, so kann ich wie beim Fehlen von Nahrung und Wasser sterben. Eine scheinbar unüberwindbare Kluft hat sich zwischen meinem Selbst und der Welt aufgetan. Einsamkeit ist oft die Wurzel aller psychischen Probleme. Ich bin unfähig, tiefen Kontakt zu anderen zu pflegen. Ich habe darüber hinaus den liebenden Kontakt mit mir selbst verloren.

Die Einsamkeit ist aber auch, so erfahre ich es selbst, eine Art Lebenselixier, eine Art Medium meiner Persönlichkeitsentwicklung. Die »positive Einsamkeit« stellt eine Art Innenphase und Inkubation zugleich dar. Indem ich ganz bei mir bin, brüte ich wie eine Glucke etwas Neues aus. Ich entferne mich von der Welt und den anderen Menschen, um mir Fragen zu beantworten, die ich nur selbst lösen kann. Ich gehe mit einer Erfahrung schwanger, die mir die Außenwelt nicht bieten kann. Ohne Einsamkeit können wir nicht leben. Sie ist eine ergänzende Realität unseres Lebens. Sie ist Bestandteil der wichtigsten Reifungsprozesse. In der Einsamkeit haust das Gesetz der Ichwerdung. In letzter Instanz bin ich alleine und muss meine existenzielle Einsamkeit – vor allem in großen Entscheidungen – annehmen. Einsamkeit kann also auch Medizin sein. Auch wenn Einsamkeit meist schmerzhaft ist, so gibt sie mir Raum zum Nachdenken. Moses, Buddha, Jesus und Mohammed ziehen sich in die Einsamkeit zurück, um erleuchtet zu werden. In der Einsamkeit sind wir mit der eigenen »Schattenpersönlichkeit« (Carl Gustav Jung), dem Dunklen, Gefährlichen und Gefährdenden der eigenen Seele konfrontiert. In der heutigen Erlebnisgesellschaft ist Einsamkeit allerdings wenig gefragt.

Bis in den »Club méditerranée« verfolgen uns die Angebote der Animateure und Freizeitindustrie. Wir lassen uns rund um die Uhr von Radio und Fernsehen berieseln, beschallen und mit Bildern zustopfen. Dabei kommt uns oft das Ich abhanden.

Für Simone, heute 59, war der Tod ihrer Eltern ein Weg zu sich selbst. Den Tod des Vaters beschreibt sie so: »Es ist ein heißer Sommermorgen im Juli 1973. Nur noch ein paar Nächte, und ich feiere meinen elften Geburtstag. Es sollte voller Vorfreude sein. Es ist alles anders wie sonst. Um mich herum fegt ein Sturm, fast ein Hurrikan. Ich fühle mich, als wäre ich im Augen des Hurrikans, wo alles ganz leise und still ist. Still, aber die Angst ist so groß vor dem, was da draußen passiert. Der Sturm, der draußen tobt, sind meine zehn Geschwister, mit ihren Frauen und Männern, Tanten und Onkel und meine Mutter. Mein Vater war am Vortag gestorben. Er starb in dem Krankenhaus, in dem er auch praktizierte.« Dann nimmt sie Abschied von dem Toten: »Es war für mich nicht verständlich, dass sein Körper steif war und nicht mehr atmete, sein Gesicht verzerrt und wie ein Götze. Mich schockierte, dass sein Sarg in die Erde gelassen wurde, aus dem er nie mehr aufstehen sollte. Diese Momente sind bis heute geblieben. Heute würde ich es Trauer nennen. Diese Trauer begleitet mich durch mein ganzes Leben. An ihr klebt ein Teil meines Lachens, meines Herzens, meiner Liebe, meines kindischen Übermuts, ein Stück Sicher- und Geborgenheit.«

Aus dem Abstand der Jahre weiß Simone, wie gut dieser Vater für sie alle sorgte und was für eine Persönlichkeit er war: »Seine Sinnhaftigkeit und Religiosität, sein unbändiger Hunger nach theologischen Abhandlungen, sein Drang zum Sparen und nach dem Einfachen, statt dem Luxus den Vorrang zu geben, konnten wirklich nerven. Aber es war genau das, was ihn mit jeder Pore seines Körpers und seinem Wissen ausmachte. Er war ein ausgezeichneter Arzt, ein gläubiger Christ, ein Philosoph, ein rasanter Autofahrer und ein gestandener Mann, der seine Frau und die Frauen liebte. All das zu leben und in seiner Welt zu ermöglichen, war sein größtes Gut. Seine innere und äußere Freiheit. Mein Leben mit innerer und äußerer Freiheit zu bereichern, ist der größte Schatz, den mein Vater mir hinterlassen konnte.«

Simone, die eine vorzügliche Ausbildung als

Coach hinter sich hat und gerade ihre Praxis beginnt, ist ein temperamentvoller Mensch voller Lachen und unbändiger Lebensfreude. Das hängt, so scheint mir, untrennbar mit der »aktiven Trauerkompetenz« (Irmtraud Tarr) zusammen. Ausgerechnet in meinem Vierbeiner-Buch »Vom Kopf zur Pfote. Hundeliebe« (2021) stieß ich bei der Hundeforscherin und Wolfexpertin Elli H. Radinger auf das Lob der Trauer: »Wer Trauer vermeidet, der kann in der Regel auch keine offene Freude, keine spontane Fröhlichkeit empfinden. Unsere Gefühle sind miteinander verknüpft. Wer das Eine nicht intensiv spürt, wird das Andere nicht so stark erleben. Licht und Schatten gehören zusammen und sind Teil eines großen Ganzen. Die Trauer um ein geliebtes Wesen ist eine heilige Zeit in unserem Leben – und eine wichtige.«

Kehren wir zurück zu Simone. Die Mutter von elf Kindern – Simone ist die Jüngste – wurde biblische 99 Jahre alt. Simone: »Drei Stunden vor ihrem Tod wollte sie noch einen Schluck Sekt mit den Worten: ›Himmelfahrt mit Sektbrause‹. Es war die richtige Zeit, für sie zu gehen. Es war kein abruptes Ende. Es war ein Gehen in vollem Bewusstsein, das alte Leben loszulassen und einen neuen Raum zu betreten. Sie sprach dabei von einem hellen, warmen Licht, das sie umgab, dass sie sich geborgen und frei fühlte.« Ein leichter Schlaganfall ließ sie am Ende schlecht atmen. Simone: »Ich hatte mit ihr geatmet. Ganz leise, sanft und ruhig habe ich mit meiner Stimme ihren Atem fließen lassen, ein und aus. Mit höchster Achtsamkeit, Liebe und Hingabe haben wir zusammen diesen Moment gelebt, geatmet und gewürdigt. Das bewusste Atmen beruhigte ihren Körper und ihren Geist. Sie fing an zu lächeln. Sie konnte sich wieder spüren. Es tat ihr gut, und wir waren glücklich über diesen wunderschönen, einzigartigen Moment. Es war ein inniger und heilsamer Moment, den ich nie in meinem Leben vergessen werde.«

Noch einmal, 45 Jahre nach dem Tod des Vaters, überkam Simone die alte kindliche Angst vor der Trauer und der Einsamkeit »in jedem Winkel meines Körpers«. Aber etwas war anders: »Ich fühlte mich wie aus einem Dornröschenschlaf gerissen, es durchfuhr mich eine Kraft und Entschlossenheit, die ich in den letzten Jahren erkannt hatte: Der neue Raum für mich, den Abschied als eine Versöhnung zu erleben, in seiner Klarheit der Fülle und nicht in seiner Bedürftigkeit. Den Raum zu öffnen, das Sterben in mein eigenes Leben zu integrieren. Das ist nicht leicht, aber es öffnete die Tür zu einem freudigen, selbstbestimmten und liebevollen Leben. Der Tod meiner Eltern war ein Weg zu mir selbst.«

Freude erfüllt Simones Herz. Diese Dankbarkeit, von der Dietrich Bonhoeffer im Dezember 1943 sprach, dürfen wir als kostbarstes Schwemmgut der Heiligen Zeit am Ufer unserer Seele bergen: »Es gibt nichts, was uns die Abwesenheit eines geliebten Menschen ersetzen kann, und man soll es auch gar nicht versuchen – man muss es einfach aushalten und durchhalten. Das klingt zunächst sehr hart, aber es ist doch zugleich auch ein so großer Trost, denn indem die Lücke wirklich unausgefüllt bleibt, bleibt man durch sie miteinander verbunden. Je schöner und voller die Erinnerung, desto schwerer die Trennung. Aber die Dankbarkeit verwandelt die Qual der Erinnerung in Freude.«

In einem Essay über das Alter als »Schiffbruch oder Neuanfang« (»Der Gesundheitsberater«, 2022/4) schrieb ich: »Ich war, trotz Tod und Verlust, noch nie so lebendig wie heute.« Dazu stehe ich. Während ich diese Zeilen hoch über dem sonnigen Lago Maggiore schreibe, verstehe ich so tief wie noch nie das Gedicht »Es gibt so Schönes«. Hermann Hesse schrieb es 1902. Es ist eine strahlende Hymne an das Leben:

Es gibt so Schönes in der Welt,
Daran du nie dich satt erquickst
Und das dir immer Treue hält
Und das du immer neu erblickst:
Der Blick von einer Alpe Grat,
Am grünen Meer ein stiller Pfad,
Ein Bach, der über Felsen springt,
Ein Vogel, der im Dunkel singt,
Ein Kind, das noch im Traume lacht,
Ein Sterneglanz der Winternacht,
Ein Abendrot im klaren See
Bekränzt von Alm und Firneschnee,
Ein Lied am Straßenzaun erlauscht,
Ein Gruß mit Wanderern getauscht,
Ein Denken an die Kinderzeit,
Ein immer waches, zartes Leid,
Das nächtelang mit seinem Schmerz
Dir weitet das verengte Herz
Und über Sternen schön und bleich
Dir baut ein fernes Heimwehreich.

Die neue Form der Liebe

(Für Ilse)

Ihr glücklichen Augen,
Was je ihr gesehen,
Es sei, wie es wolle,
Es war doch so schön!
Goethe

Die Schwester einer Klientin brachte sich mit 68 Jahren um. Sie vermochte die Trennung von ihrem Mann nicht zu leisten. Sie lag dreißig Jahre zurück. Sie tötete sich, weil ihr Mann nicht, wie sie gehofft hatte, zurück kam. Sie hatte ihr Glück von ihm abhängig gemacht. Ihr Leben an ihn delegiert. In diesem entscheidenden Punkt blieb sie regressiv, unreif. Sie sah keinen Sinn mehr in ihrem Leben ohne ihn, die »einzige Liebe meines Lebens«. Ihre Trauer hatte sich zur Depression pathologisiert.

Grundsätzlich müssen wir aus uns selbst leben. In meiner ersten Ehe klammerte ich. Es war kein Wunder, denn im Herzen war ich noch ein vereinsamtes Scheidungs- und Internatskind. Diese Urtrennungen meines Lebens habe ich erst später therapeutisch bearbeitet und überwunden. Ich entdeckte dann in meinen umfangreichen Leseabenteuern einen psychologischen Leitsatz, der mich förmlich umriss: »Erst wenn ich ohne Dich leben kann, kann ich mit Dir leben.« Ich überwand meine Unreife und beherzigte diese Erkenntnis in meiner zweiten Ehe. Ich klebte nicht an Ilse. Wir waren beide, bei aller Innigkeit, letztlich seelisch und beruflich autonom. Nach ihrem Tod muss ich den alten Leitsatz noch einmal radikalisieren. Er lautet jetzt: »Erst wenn ich ohne Dich leben kann, kann ich leben.«

Um sterben wie um trauern zu können, brauchen wir, dass wir keine »unerledigten Geschäfte« mit uns herumschleppen. Das hat die Schweizer Sterbeforscherin Dr. med. Elisabeth Kübler-Ross in ihren Büchern, unter anderem in den »Interviews mit Sterbenden« (1971), herausgearbeitet. Der Sterbende vermag nur schwer zu gehen, wenn ihn die »unfinished things« quälen, etwa ein Hass oder die Funkstille eines erwachsenen Kindes. Er muss sie bereinigen. Ebenso darf, so ist mir klar geworden, der Trauernde keine ungelösten Spannungen oder nicht Gelebtes mit dem Verstorbenen in sich herumtragen. Ich bin dankbar: Ilse und ich haben unsere Liebe, unsere Neugier, unsere Faszination aneinander gelebt. Ich wüsste nichts, was wir versäumt haben. In zunehmenden Alter waren wir uns unserer Endlichkeit bewusst. Wir machten unsere Liebe zum Fest. Wir haben nichts zu bereuen.

Nun spüre ich: Die Trauer ist die neue Form der Liebe. Bei dem Benediktinermönch Anselm Grün, der auch auf einer der Gesundheitstage unserer Gesellschaft sprach, fand ich die Weisheit des Todes: »Das Ziel aller Trauer ist eine neue Beziehung zum Verstorbenen. Die Beziehung ist anders als früher. Es ist kein Umarmen, kein Fühlen der Haut, kein Hören der Stimme, kein Schauen des Gesichtes. Und doch ist eine sehr vertraute Beziehung. Der andere geht mit mir. Er spricht zu mir in den Träumen. Er weist mir den Weg. Er hält die Hand schützend über mich. Er fühlt mit mir und inspiriert mich. Auf einmal fällt mir ein, was ich tun könnte, worauf ich Lust habe, was ich bisher vernachlässigt habe. Auf einmal weiß ich, was gut für mich ist. Es ist der verstorbene Mensch, der mich zu neuem Leben treibt, der mich auf neue Wege führt, auf Wege in größere Lebendigkeit, Freiheit und Liebe hinein.« Heilige Zeit.

Die Hoffnung auf ein ewiges Leben im Jenseits ist eine Sache, das Kostbare auf Erden zu realisieren eine andere. Der Dichter Heinrich Heine (1797–1856) empfahl uns von seinem Pariser Exil aus in seinem politischen Poem »Deutschland ein Wintermärchen« den Versuch zu wagen, hier auf Erden schon das Himmelreich zu errichten. Das Leben will nach vorne gelebt werden. »Jeder Tag, jede Stunde wartet mit einem neuen Sinn auf«, postulierte Viktor E. Frankl hundert Jahre später, »und auf jeden Menschen wartet ein anderer Sinn«.

In der Einsamkeit der Trauer enthüllt sich unsere eigene Substanz. Wenn du nicht atmest, stirbt dein Körper. Wenn du nicht liebst, stirbt deine Seele. Noch nie sind mir die Menschen, auch meine Klientinnen und Klienten, so liebenswert geworden.

Liebe Leserinnen, lieber Leser, verzeih mir wenn ich so viel zitiere. Aber essen wir nicht alle von den Gedankenfrüchten, die Größere vor uns säten? Dürfen uns Trauer und Tod schmecken? Thomas Mann gibt uns in seinem köstlichen Hochstapler-Roman »Felix Krull« eine tiefsinnige Antwort. Im mondänen Speisewagen von Paris nach Lissabon lässt er den Paläontologen Kuckuck dem naiven Krull eine unvergessliche Lektion erteilen:

»Zu den wesentlichen Eigenschaften, welche den Menschen von der übrigen Natur unterscheiden, gehört das Wissen von der Vergänglichkeit, von Anfang und Ende und also von der Gabe der Zeit.« Der gelehrte Professor Kuckuck zieht dabei einen astronomischen Vergleich heran: »Es gibt ferne Himmelskörper, deren Materie von so unglaublicher Dichtigkeit ist, das ein Kubikzoll davon bei uns zwanzig Zentner wiegen würde. So ist es mit der Zeit schöpferischer Menschen: Sie ist von anderer Struktur, anderer Dichtigkeit, anderer Ergiebigkeit als die locker gewobene und leicht Verrinnende der Mehrzahl … Die Beseeltheit des Seins von Vergänglichkeit gelangt in der Seele des Menschen zur Vollendung. Nicht, dass sie allein Seele hätte. Alles hat Seele. Aber die seine ist die Wacheste in ihrem Wissen … um die große Gabe der Zeit. Dem Menschen ist gegeben, die Zeit zu heiligen, einen Acker zur treulichen Bestellung in ihr zu sehen, sie als Raum der Tätigkeit, des rastlosen

Strebens, der Selbstvervollkommnung des Fortschreitens zu seinen höchsten Möglichkeiten zu begreifen und mit ihrer Hilfe dem Vergänglichen das Unvergängliche abzuringen.«

Martin und Susan Weinert, zwei europaweit bekannte Jazzkünstler aus dem Saarland, Gitarre, Klavier, Kontrabass, haben es, mit Thomas Mann zu sprechen, vermocht, »die große Gabe der Zeit als Raum der Tätigkeit, des rastlosen Strebens« blühen zu lassen. Wo sind sie überall mit ihren 3000 Konzerten vom Süden bis zum Norden des Kontinents aufgetreten! Auch auf unserer Tagung der Gesellschaft für Gesundheitsberatung vor über 1000 Zuhörern natürlich. Ich durfte mit beiden eine musikalisch-poetische Tournee mit Liebesgedichten von Walther von der Vogelweide bis Bert Brecht starten.

Dann starb die leidenschaftliche Künstlerin Susan im März 2020 im Alter von 54 Jahren an Krebs. Der Schmerz bei ihren Fans und uns Freunden war brunnentief. Es war einfach unfassbar. Es durfte doch nicht sein! Jetzt bekennt mir – der als Künstler kongeniale – Martin: »Wenn ich gefragt werde, was ich verloren habe, antworte ich, dass ich mit dem Tod meiner geliebten Frau ein ganzes Universum tanzender Sterne verloren habe.«

Für Martin lebt Susan. Er zitiert den französischen Maler, Bildhauer, Performancekünstler und Kompositeur Yves Klein (1928–1962). Dieser notierte kurz vor seinem Tod: »Ich will in die Leere gehen. Mein Leben soll sein wie meine Symphonie von 1949, ein kontinuierlicher Klang, befreit von Anfang und Ende, begrenzt und ewig zugleich, weil es weder Anfang noch Ende hat. Ich will sterben, und man soll von mir sagen: Er hat gelebt, also lebt er.«

Martin paraphrasiert diesen Gedanken des Unzerstörbaren mit den Worten: »Susan hat gelebt, also lebt sie; welch ein wundervoller Gedanke, der mir eine Tür aufstieß. Ich durfte an ihrer Seite leben, mit ihr leben, sie erleben, und nun? Vor ihrem Tod sagte sie. ›Diese Hülle ist völlig verbraucht, mein Geist muss frei sein, ich muss aus dieser Hülle raus.‹ Der Körper als Hülle, die Hülle, die auch zum Gefängnis werden kann, wie es Friedrich Hölderlin so eindrucksvoll in den Zeilen seines Gedichtes ›Das Schicksal‹ beschreibt: ›Im heiligsten der Stürme falle zusammen meine Kerkerwand. Und herrlicher und freier walle mein Geist ins unbekannte Land.‹«

Als einen spirituellen Aufbruch empfand die Künstlerin den Schlussakt ihres Lebens. Martin: »Einen Tag vor ihrem Tod reflektierten wir unser gemeinsames Leben, mit so viel Freude. Sie schaute dankbar auf all unsere Erlebnisse zurück, dass es mich beim Zuhören ein ums andere Mal überlief. Und nun ging sie auch auf diesem Weg aus dem irdischen Leben heraus über die Brücke, die auf die andere Seite des Flusses führt, voran, denn es wirkte in der Tat so, als ob sie sich auf eine längere Reise vorbereiten würde.«

Mit ruhiger Stimme gab Susan ihrem so unendlich geliebten Mann kluge Ratschläge für seinen weiteren Lebensweg. Etwa, dass er das viel zu geräumige Ehebett halbieren solle, um Platz für einen Sessel am Fenster mit Blick auf den anmutigen Garten zu gewinnen. Beide sprachen häufig über den Tod, aber ohne Entsetzen. Martin: »Es war weniger eine Vorbereitung einer Sterbenden und eines zukünftig Hinterbliebenen, als vielmehr eine Auseinandersetzung mit der Tatsache, dass der Tod unweigerlich zum Leben gehört.« Sie akzeptierten mit dem Philosophen Martin Heidegger (1889–1976), dass der Tod »ein Vorlaufen des Daseins zu seinem Vorbei, als einer in Gewissheit und völliger Unbestimmtheit bevorstehenden äußersten Möglichkeit seiner selbst« ist. Sie verloren die Angst vor ihm.

Ein gleichsam mystisches Erlebnis vereinte sie: »Wenige Tage vor ihrem Tod saßen wir beim Abendbrot an unserem Tisch, einem quadratischen Holztisch, an dem wir uns immer gegenüber saßen. Es war still. Ich weiß nicht, woher mich plötzlich der Gedanke überfiel, aber ich schaute sie an und dachte, verdammt, dieser Stuhl wird dir bald leer gegenüberstehen«. In diesem Augenblick schaute sie auf und mir direkt in die Augen. Sie hatte den Gedanken verstanden und nickte zustimmend. Wir erhoben uns beide im gleichen Moment, traten aufeinander zu und umarmten uns lange wortlos. Dann nahmen wir wieder unsere Plätze ein und aßen weiter.« Ein anderes Mal verabredeten sich Martin und Susan heiter für ein weiteres Leben.

Liebe trauernde Leserin, lieber trauernder Leser, findest Du Dich vielleicht auch wieder in diesen tief schwingenden Begegnungen noch zur Lebenszeit?

Nicht nur in der Musik lebt Susan konkret weiter. »Mit ihr zu leben«, erinnert er sich, »war ein Traum: An der Seite dieser wunderschönen Frau, der faszinierenden Künstlerin, der bienenfleißigen Hausfrau und Handwerkerin, aber auch dem über all die Jahre erhalten gebliebenen kleinen Mädchen, das sich oft Abends vor dem Einschlafen noch eine Geschichte wünschte, konnte ich nur gut und behütet durchs Leben kommen.« Ach, wie gut ich Dich verstehe, Martin!

Susans Tod war stark wie ihr Leben: »Sie trug, als es soweit war, den Sterbeprozess allein auf ihren Schultern, indem sie den Tod einfach annahm, nicht dagegen ankämpfte, sondern ihn willkommen hieß. Ich musste nichts dazu tun, einfach nur da sein.« Susan beschenkte Martin bis zuletzt: »Ganz physisch hinterließ sie mir von sich einen Zopf, den sie sich eigens dafür im Jahr 2016 abgeschnitten hatte, als es schon einmal sehr danach aussah, dass sie sterben würde. Sie legte ihn zusammen mit einer wundervoll gestalteten Karte, auf der sie, in anrührend geschriebenen Worten, gute Gedanken an mich festhielt, in ein schönes sechseckiges Kästchen, welches ich erst nach ihrem Tod öffnen sollte. Ich hielt mich daran.« Der solcherart ein Leben lang Beschenkte endet mit den Worten:

»Danke, Susan, für alles, was war, was ist und was noch kommt. Dein Dich liebender Mann Martin.«

Trauern wir und feiern wir! Eine leise Stimme flüstert in mir »Es ist alles nicht **so** wichtig.« Eine andere Stimme begrüßt die Freiheit, mich in einem gewissen Maß neu entwerfen zu müssen, nein, zu dürfen. Dann halte ich es mit dem Dramatiker Friedrich Hebbel (1813–1863). Er beschwört in seinem Gedicht »Welt und Ich« die grandiose Dynamik des Lebens:

In großen ungeheuren Ozeane
Willst du, der Tropfen dich in dich verschließen?
So wirst du nie zur Perl zusammenschließen,
Wie dich auch Fluten schütteln und Orkane!

Nein! Öffne deine innersten Organe
Und mische dich im Leiden und Genießen
Mit allen Strömen, die vorüberfließen,
Dann dienst du dir und dienst dem höchsten Plane.

Und fürchte nicht, so in der Welt versunken,
Dich selbst und dein Ureigenes zu verlieren;
Der Weg zu dir fährt eben durch das Ganze.

Erst wenn du kühn von jedem Wein getrunken,
Wirst du die Kraft im tiefsten Innern spüren,
Die jedem Sturm zu stehn vermag im Tanze!

Trauer und Aufbruch gehören zusammen. Sie bilden die Heilige Zeit. Am Ende des Lebens entdecke ich meinen neuen kategorischen Imperativ: Ich lasse mich nicht im Stich.

Ein Verlag, ein Haus, eine Philosophie.

Millionen Bundesbürger kennen den kämpferischen Ganzheitsarzt Dr. Max Otto Bruker (1909–2001) aus dem Fernsehen, aus Vorträgen, durch den „Mundfunk" überzeugter Patienten. Vor allem lesen sie aber die rund 30 Bücher des schwäbischen Humanisten und Seelenarztes. Mit einer Gesamtauflage von mehreren Millionen Exemplaren ist Max Otto Bruker der wohl bedeutendste medizinische Erfolgsautor im deutschsprachigen Raum. Der – in der Nachfolge des Schweizer Reformarztes Bircher-Benner scherzhaft „Deutschlands Vollwertpapst" genannte – Massenaufklärer, langjährige Klinikchef und Ernährungsspezialist lehrt zwei fundamentale Erkenntnisse Patienten wie Gesunden: Der Mensch wird krank, weil er sich falsch ernährt. Der Mensch wird krank, weil er falsch lebt.

Hinter den Erfolgstiteln des emu-Verlages steht ein bedeutender Forscher und Arzt, eine Bewegung, ein Haus und tausende Schülerinnen und Schüler. 1994 wurde das „Dr.-Max-Otto-Bruker-Haus", das Zentrum für Gesundheit und ganzheitliche Lebensweise, auf der Lahnhöhe in Lahnstein bei Koblenz bezogen. Es stellt die äußere Krönung des Brukerschen Lebenswerkes dar: Der lichte Bau mit seinem Grasdach, den Sonnenkollektoren, seinen Seminarräumen, dem Foyer mit der Glaskuppel, 17 biologischen Gäste-Appartements, dem wunderschönen Brukergarten mit Kneippanlage, Raum der Stille, Naturwald mit Barfußpfad und dem Lehrpfad sind als Treffpunkt für all jene konzipiert, denen körperliche und seelische Gesundheit, ökologische und spirituelle Harmonie Herzensbedürfnis und Sehnsucht sind.

Hinter dem eleganten Halbmondkorpus mit dem markanten Grasdach verbirgt sich eine Begegnungsstätte für Gesundheitsbewusste, Seminarteilnehmer, Trost-, Ruhe- und Anregungsbedürftige.

Feste Termine:

Jeden Dienstag, 18.30 Uhr: Vortrag Dr. phil. Mathias Jung (Lebenshilfe und Philosophie)

Jeden Mittwoch, 10.30 Uhr: Fragestunde mit Dr. med. Jürgen Birmanns (Ärztlicher Rat aus ganzheitlicher Sicht)

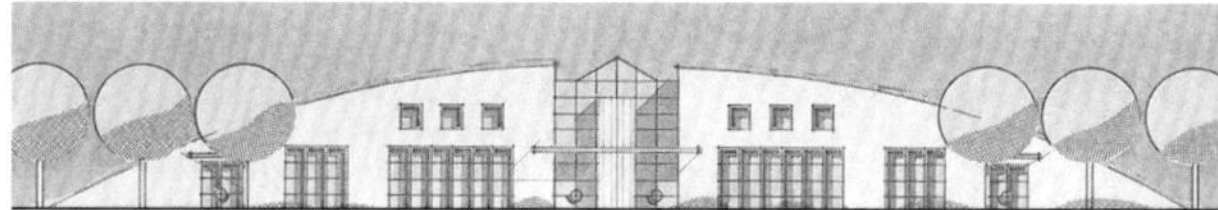

Das Dr.-Max-Otto-Bruker-Haus

Ausbildung Gesundheitsberater/in GGB Lebensberatung/Frauen-, Männer- und Paargruppen

Die vitalstoffreiche Vollwertkost hat ihre Verbreitung, auch im klinischen Bereich, durch die unermüdliche Information und praktische Durchführung von Dr. M. O. Bruker gefunden. Um die Erkenntnisse gesunder Lebensführung und die durch falsche Ernährung provozierte Krankheitslawine ins öffentliche Bewusstsein zu rücken, bildet die von ihm 1978 gegründete „Gesellschaft für Gesundheitsberatung GGB e.V." ärztlich geprüfte Gesundheitsberater/-innen GGB aus. Über 5700 Frauen und Männer haben bislang die berufsbegleitende Ausbildung bestanden und wirken in Volkshochschulen, Bioläden, Lehrküchen, Krankenhäusern, ärztlichen Praxen, Krankenversicherungen und ähnlichen Bereichen.

Das Basiswissen Ernährung und Gesundheit wird im Grundlagenseminar vermittelt. Es kann von jedem Interessierten besucht werden. Auf der Lahnhöhe erhalten Sie durch das GGB-Expertenteam nicht nur eine sorgfältige Grundlagenausbildung über die vitalstoffreiche Vollwerternährung und den Krankmacher der „entnatürlichten" (denaturierten) Zivilisationsernährung (raffinierter Fabrikzucker, Auszugsmehle, fabrikatorische Öle und Fette, tierisches Eiweiß usw.), sondern gewinnen auch Einblick in die leibseelischen Zusammenhänge der Krankheiten.

Praxisseminare/Kochkurse

Das Dr.-Max-Otto-Bruker-Haus verfügt über eine Lehrküche sowie einen großen Kräutergarten. Es werden zahlreiche vegetarische Koch- und Backkurse für eine moderne vitalstoffreiche Vollwertkost angeboten. Der Schwerpunkt liegt auf einer „alltagstauglichen", aber dennoch fantasievollen, gesunden Ernährung ohne Tiereiweiß.

Das Programm umfasst Einführungskurse in die vitalstoffreiche Vollwertkost, Brotbackkurse, Männerkochkurse, Weihnachtsbäckerei und seit 2011 auch Wildkräuterseminare (incl. Zubereitung von Wildkräutergerichten).

Anfragen zur Gesundheitsberater-Ausbildung und Praxis-Seminaren in der Lehrküche in Lahnstein, wie zu den Selbsterfahrungsgruppen, Lebensberatung, Paartherapie und Psychotherapie bei Dr. Mathias Jung und Psychologischer Psychotherapeut Hassan El Khomri, zu weiteren Tages- und Wochenendseminaren sowie Einzelberatung sind zu richten an die

Gesellschaft für Gesundheitsberatung GGB e.V.,
Dr.-Max-Otto-Bruker-Str. 3,
56112 Lahnstein
Tel.: 02621/917017, 917018, Fax: 02621/917033
E-Mail: seminare@ggb-lahnstein.de
Internet: www.ggb-lahnstein.de

Fordern Sie ebenfalls ein kostenloses Probe-Exemplar der Zeitschrift „Der Gesundheitsberater" an.

Von Dr. Jung sind im emu-Verlag in der Reihe »Aus der Sprechstunde« erschienen:

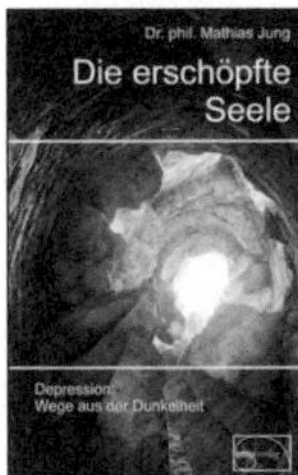

Von Dr. Jung sind im emu-Verlag in der »roten reihe« erschienen:

Von Dr. Jung sind im emu-Verlag in der »blauen reihe« erschienen:

Von Dr. Jung sind im emu-Verlag Märchendeutungen in der »gelben reihe« erschienen:

Bereits in dieser »Kleinen Reihe« erschienen:

Weitere Bücher von Dr. Mathias Jung aus dem emu-Verlag: